大学生就业能力提升研究

张丽霞　王林源　郑　凯◎著

线装書局

图书在版编目（CIP）数据

大学生就业能力提升研究/张丽霞, 王林源, 郑凯
著.--北京:线装书局,2023.6
ISBN 978-7-5120-5477-6

Ⅰ.①大… Ⅱ.①张… ②王… ③郑… Ⅲ.①大学生
—就业—研究 Ⅳ.①G647.38

中国国家版本馆 CIP 数据核字(2023)第 086375 号

大学生就业能力提升研究
DAXUESHENG JIUYE NENGLI TISHENG YANJIU

作　　者：张丽霞　王林源　郑　凯
责任编辑：林　菲
出版发行：**线装書局**
　　　　　地　　址：北京市丰台区方庄日月天地大厦 B 座 17 层（100078）
　　　　　电　　话：010-58077126（发行部）010-58076938（总编室）
　　　　　网　　址：www.zgxzsj.com
经　　销：新华书店
印　　制：北京四海锦诚印刷技术有限公司
开　　本：787mm×1092mm　　1/16
印　　张：11.5
字　　数：212 千字
版　　次：2023年6月第1版第1次印刷
定　　价：68.00 元

线装书局官方微信

前　言

就业是关系国家发展和人民福祉的大事，大学生就业不仅关乎个人命运与前途发展，还关系社会安定团结、国家繁荣发展。尤其是近年来，随着我国经济从工业经济向数字经济的转型，伴随着互联网技术进步与大众消费升级，新的就业形态将成为我国吸纳就业的重要渠道。新的就业形态具有组织方式平台化、雇佣关系灵活化、就业选择多元化、职业生涯无边界化等特点。新就业形态下对劳动者的能力素质提出了更高的要求，而目前高校学生的就业能力与新就业形态的需求之间还存在较大的差异，高校更应该顺势而为，提升大学生的就业能力，为毕业生就业形态下的就业保驾护航。

基于此，本书以"大学生就业能力提升研究"为题，全书共设置七章：第一章阐述高质量就业、大学生就业能力影响因素分析、大学生就业能力提升的意义；第二章论述大学生正确择业观念的树立与就业心理准备；第三章从职业道德、人际关系处理能力、时间管理与情绪管理、团队合作素养的角度，分析大学生基本工作能力的提升；第四章探讨大学生自我认知与职业选择、大学生职业素养的提升、大学生就业价值及其引导；第五章探究大学生解决问题的能力与创新能力的培养；第六章研究就业信息的收集与应用、求职自荐材料的准备与简历制作、求职面试的技巧；第七章重点对创新创业能力的构成要素、创业及其与创新的关系、大学生创新创业教育、大学生创业园的建设和创新进行探讨。

本书逻辑清晰，内容全面，从高质量就业的概念出发，由浅入深、层层递进，对大学生就业与创新创业进行深入研究，对大学生就业具有一定参考价值。

本书的撰写得到了许多专家学者的帮助和指导，在此表示诚挚的谢意。由于笔者水平有限，加之时间仓促，书中所涉及的内容难免有疏漏与不够严谨之处，希望各位读者多提宝贵意见，以待进一步修改，使之更加完善。

目 录

第一章 大学生就业与就业能力

第一节 高质量就业

"就业是最大的民生，完善大学生就业服务体系建设，不仅关系到新时代青年的未来与前途，也直接影响经济发展和社会稳定，是一项利国利民的工程。"[①] 大学生就业关系到经济的长远发展和社会的稳定，在大学生就业问题上，如何实现高质量就业已成为高校和社会关注的热点。在高等教育供给数量巨大、高校就业指导教育工作不到位和学生就业结构不平衡等多重因素的影响下，大学生高质量就业存在诸多问题。因此，应充分结合市场需求调整培养方案，发挥就业指导作用，着力提升学生就业能力，促进大学生高质量就业。

一、高质量就业的内涵

就业是民生之本，进入新时代，经济发展由高速增长转向高质量发展和社会主要矛盾转化的前提下，实现更高质量就业和更充分就业也必然成为未来就业工作的重要导向。

高质量就业源于就业质量概念，高质量就业与就业质量是同一个问题的两种不同表述，他们有着相近的内涵。高质量就业是一种就业结果与状态，是要实现的一个就业目标，而它的实现需要就业质量达到一定的标准。

从就业目标来看，高质量就业就是要达到一个人尽其才，物尽其用，劳资和谐，工作稳定，心情舒畅的就业现状。从就业过程中的各介入主体来看，国家制定相应的法律法规和政策，创造有利于就业的公平的就业环境、合理的就业结构和广阔的就业渠道等；用人单位做到管理有序、人岗设计匹配、完善晋升培训制度，构建和谐的劳动关系和创造就业岗位等；高校培养学生具有市场与企业要求的技能、素质与健康心理；中介组织能够规范

---

① 魏康婧，沈劼. 助力大学生高质量就业 [J]. 人力资源，2022，(14)：90-93.

经营，提供准确的信息，接受国家监督，提升就业服务层次与倡导合理的就业观念等；大学生能锻造良好的就业能力，顺利找到合适的职业，积极工作，实现自身价值。

"在经济发展新常态的大背景下，面对我国大学生就业的严峻形势，大学生就业质量成为评价高等教育人才培养水平的重要指标。"① 实现高质量就业明确国家、高校、用人单位、中介组织和高校毕业生的各自责任并督促各方积极投入到这一伟大行动中。

二、高质量就业的意义

（一）有助于提高劳动力供需匹配度

当前，在劳动力市场，供需总量矛盾转变为供需有效匹配的结构性矛盾。随着经济发展步入新常态，发展方式由粗放式向集约式转变，资金、技术以及生产力等生产要素不平衡不充分的配置逐渐被打破，用工荒、招工难、就业难等问题凸显。因此，要从顶层设计的视角，不断完善体制机制，改善就业环境，引导市场参与各方转变观念，以高质量就业满足人民对美好生活的向往，提高劳动力供需的匹配度，有效解决当前劳动力市场突出的不均衡问题。

（二）有助于推动人力资源资本的深化

高质量的就业，究其根本是实现人与工作岗位的有效对应。工作岗位的不符，极大地影响了劳动者的工作积极性和工作效率，造成了人力资源的极大浪费，不利于综合效益的增长。因此，立足劳动力和就业岗位的双向视角，统筹人与岗位的合理安排，有助于充分发挥人力资本优势，产生较大的经济效益和社会效益。

第二节　大学生就业能力影响因素分析

大学生就业能力作为一种客观事物，一直处在动态的变化和发展过程中，其发展的过程实际上是个体的多种潜在可能性逐渐转化为现实能力的过程。根据影响大学生就业能力发展的因素的不同性质，可以把影响因素分为：对大学生就业能力发展的潜在可能性产生

---

① 杨兆宇.新发展阶段大学生高质量就业路径研究［J］.吉林工程技术师范学院学报，2022，38（05）：21-24.

影响的因素（以下简称"可能性因素"）和对大学生就业能力发展从潜在可能性转换为现实能力产生影响的因素（以下简称"现实性因素"）两大类，这两类因素对大学生就业能力的发展影响不在一个层次上，故我们称之为"二层次"。在二层次中共含有三大类的影响因素。可能性层次中包括个体自身条件与环境条件，现实性因素是指大学生发展就业能力所进行的各种类型的活动，称之为"三因素"。

一、大学生就业能力影响的"可能性因素"

在可能性层次中，影响大学生就业能力发展的因素有两个：个体自身条件和环境条件。

（一）个体自身因素

1. 先天因素

个体自身条件中的先天因素是指个体出生时机体结构所具有的一切特质。在与生俱有的个性特质中，遗传因素是最基本的因素。遗传导致了个体存在着先天性差异。先天性因素是大学生就业能力发展的重要基础。个人会在先天性差异的基础上形成一些深层次的要素，如直觉、美感、个性特征、性格等，这些深层次要素既不容易被直接观察和测量，相对而言也极难被改变与塑造。因此，学校在实施学生就业能力开发活动时就必须要注意到个体的差异性，进行因材施教。

2. 后天因素

主体自身条件中的后天因素是指主体出生以后，在发展过程中逐步形成的个体身心两方面的特征。影响大学生就业能力发展的后天因素包括：大学生现有的身心发展水平，包括身体生长发展水平与健康状态；智慧、情感、意志、行为发展水平；知识、经验的积累水平与结构；对事、对人、对己的倾向性态度等。

（二）环境因素

环境泛指个体生活于其中，能影响个体发展的一切外部条件。环境因素是影响大学生就业能力发展可能性的第二大项，也是个人借以生存和发展的不可或缺的必要条件。从教育学研究的角度看，以范围为标准，可以把影响大学生就业能力发展的环境分为大环境和小环境。

1. 大环境因素

大环境是指大学生所处的总体的自然环境与社会环境。其中，社会环境主要指个体所处的时代和国家制度的性质与发展水平，如所处的社会的政治、经济制度、经济发展水平、民族文化传统与科学文化发展水平以及教育制度、性质及发展水平。对于大学生而言，社会环境，尤其是文化因素的影响更为显著。文化环境因素，特别是社会价值观、社会心理与社会舆论环境对大学生就业能力的发展有着直接和明显的影响。

此外，环境本身的开放程度不同，对大学生就业能力发展的影响也不同。一个开放的、包容的、发展的社会环境，能够为大学生就业能力的发展提供更多的可能性，而一个封闭的、狭隘的、停滞的环境则更多地发挥了限制大学生就业能力发展的作用。因此，构建学习型社会是促进大学生就业能力发展的必由之路。

2. 小环境因素

小环境是指与大学生直接发生联系的自然环境与社会环境，即大学生的出生地的自然位置与条件；所在的家庭及其居住区、学习单位或工作单位。就内容来说，涉及为大学生提供的物质财富、精神财富，以及大学生周围世界所发生的各种事件和与大学生相关的各种人际关系。其中，对大学生就业能力发展影响最大的是家庭、大学前的教育经历和社会资本。

在影响大学生就业能力发展的可能性因素中，环境因素和个体自身因素是密切相关的。某一部分的变化会带来或引起另一部分的变化，他们通过相互作用实现相互渗透和转化。在相互作用中，一般情况下，主体的变化带有主导性。

二、大学生就业能力影响的"现实性因素"

大学生自身具备的多种发展可能性以及环境中所具备的、为大学生就业能力发展所必需的条件与客体，虽然都是大学生就业能力发展的必要条件，然而两者相加还不是大学生就业能力发展的充分条件，它们都只是为大学生就业能力的发展提供了多种可能，这种可能是潜在的，不会自动转化为发展的现实，大学生个体已具备的条件与环境也不会自动相互作用。大学生就业能力发展从潜在的多种可能状态向现实发展的转化，个体与环境两种不同性质的因素真实发生相互作用，人对外界存在的摄取吸收（无论是精神性的、还是物质性的），都要通过大学生个体的不同性质、不同水平的生命活动来实现。这些不同性质、水平的生命活动就是我们所指的是大学生就业能力发展得以现实的"现实性"因素。

从活动水平的角度分析，人的生命活动由三个层次构成，最基础的层次是生理水平上的个体生命活动；第二个层次是心理水平上的个体生命活动；第三个层次是社会实践水平上的个体生命活动。前面两个层次的活动主要在人体内部进行（有外显行为），可称为内部活动，后一层次的活动主要表现为人的生命的外部活动。内外活动具有同构性并密切相关。

大学生在进行提升就业能力的实际行为时，三种不同水平的生命活动其实是交融为一体的。人的生理活动和心理活动渗透在社会实践活动中，人的社会实践活动又受到生理和心理活动的"支持"和影响。同样，内部活动与外部活动也是并存且相互转化的。从发生学的观点看，人的外部动作是人的内部认识发展的起点，人的内部思想活动的机能则是外部活动内化的结果。

对大学生就业能力发展影响最大的是与工作相关的各种社会实践活动。社会实践活动是人之生命活动的最高、也最富有综合性的活动。每个个体都不可避免地投入到社会实践活动中去。社会实践活动是人类为满足社会或群体的发展需要保持、扩大自己利益的活动，也是个体为体现自己价值、满足发展和创造的需要而进行的活动。

在活动过程中，人与环境不仅实现着物质与信息的交换，还实现着能量的交换；活动不仅使人的智慧和力量得以外化和对象化，实现对外部世界的改造以及对物质和精神财富的创造，还使人的才能、意志、智慧在实践中得到发展，实现内部世界的丰富与发展。

能提升大学生就业能力的社会实践活动包括专业学习、科学研究、见习实习、社会兼职、课外实践、社团活动、义务劳动等。在这些社会活动中，人与人之间还结成了各种不同性质的社会关系，大学生个体在这些关系中承担着不同的社会角色，这些角色的扮演使得每一个大学生不再作为孤立的个体而存在，而是作为社会"有机体"中独特的一分子而存在。

第三节　大学生就业能力提升的意义

随着社会经济的持续不断发展，大多数政府机构、事业单位、企业组织、私立机构等均希望招聘到的员工为复合型人才，要求员工可以适应各种各样的工作环境，可对工作中出现的变化予以灵活应对。这样的要求必然对大学生的就业能力提出越来越高的要求。提升大学生就业能力具有重要意义，具体主要体现在以下方面。

一、社会政治发展的需要

大学生步入高校校园后，须对自身的未来发展积极主动地进行规划和思考。应清晰认识到，唯有练就一身本领，积极提升自身就业能力，方能在毕业时找到更为理想的工作，才能更好实现自身的人生理想及价值，才能为整个社会做出更多贡献。如若大学生就业能力低，无法顺利实现就业，很容易沦为社会的负担，更谈不上报效祖国了。当前，我国多次强调提升大学生就业能力的重要性，大学生就业能力提升俨然已经上升至政治高度。因此，大学生就业能力提升是社会政治发展的切实需要。

二、社会经济发展的需要

对于整个国家而言，大学生可以顺利实现就业，是促进社会经济发展的重要基础。21世纪是一个新的发展时代，时代发展对人才亦提出了更高要求。在这样一个时代，仅具有大学本科文凭远远不够，仍很难有效满足用人单位的招聘需求。目前，很多用人单位不仅要求应聘者具有本科学历，更要求应聘者具有较强专业知识、实践能力以及其他诸多方面的能力。在这样的大背景下，假如大学生仅仅只具备一些书面知识，能力缺乏，显然无法适应时代发展和用人单位需求。在当前社会，复合型人才似乎更受欢迎，所以，我国高校应对当前毕业生的就业市场进行充分了解，了解用人单位对人才的具体需求，在此基础上有的放矢地改变自身传统教育观念及教育模式，不断提升本科毕业生的就业能力。

三、提高毕业生的就业率和就业满意度

大学生就业能力的提升，不仅关乎大学生的就业率，还关乎普通高校毕业生的就业满意度。如果大学生得到了提升，他们就容易在就业竞争中找到岗位，从而提高了他们的就业率，也提高了他们的就业满意度。进一步说，由于大学生就业能力的提升，有利于他们顺利就业，进而在自己的工作岗位上发光发热，有效避免了人才浪费。

四、提高社会对高等教育的满意度

加强大学生就业能力的培养，积极采取相关策略不断提升大学生的就业能力，可以提高作为高等教育投资者、消费者的大学生及其家长对高等教育的满意度，增强他们进一步投资、消费高等教育的信心，进而促进我国高等教育事业的健康、长远、可持续发展。

五、缓解就业压力

　　大学毕业生的就业问题一直是存在于社会热点中的难点问题，"随着高新技术企业的飞速发展，对高新技术人才的需求量也将大大增加。而传统专业人才则面临着转型升级"①，这为大学毕业生的就业带来了前所未有的新挑战。缓解大学生就业压力显然已经成为社会各界普遍关注的焦点问题。无论社会各界对大学生的就业压力予以多少关注，要想真正解决大学生的就业难问题，有效缓解大学生的就业压力，其根本途径便是不断提升大学生的就业能力。在此情况下，无论当前的就业形势有多么严峻，只要大学生具备较强就业能力，必定会在激烈的就业市场中崭露头角，顺利实现就业。

---

　　①　胡钟华，竺照轩. 大学生就业指导［M］. 北京：机械工业出版社，2020：2.

第二章 大学生就业态度的调整

第一节 正确择业观念的树立

一、正确择业观念的含义

"职业是指从业者为获取主要生活来源而从事的社会性工作类别。职业是社会与个人的连接点，反映了个人在社会中的位置。"① 择业，即职业选择，是劳动者在社会众多职业类别中挑选自己想从事的职业的行为，也是劳动者根据自身兴趣爱好、知识技能及理想目标等选择适合自己的职业的过程，更是劳动者走向社会、步入工作岗位的一个必经阶段。择业观，顾名思义就是劳动者关于职业选择的观念和看法，在本质上是劳动者人生观、价值观、世界观在职业选择这个实践层面上的具体化。

正确的择业观是将个人的职业追求与当前的就业形势及经济社会发展需求有效地结合起来的择业观。一方面，正确的择业观可以帮助大学生成功就业，指导大学生开创自己的事业，开启自己的职业生涯；另一方面，正确的择业观符合人力资源市场的发展要求，符合经济社会的发展需求，实现了社会资源的优化配置，促进了社会的和谐健康发展。正确的择业观将个人需求和社会需求有机结合到一起，实现了两者的契合。

正确择业观的内涵主要包括两个方面：一是正确的职业理想标准；二是科学合理地实现职业理想的途径。从世界观、人生观和价值观的角度来说，大学生必须树立正确的职业理想，培养符合主流价值导向的职业理想标准。只有职业发展方向正确了，大学生才能在就业过程中不断地提升自己、发展自己，为国家和社会做出贡献。

大学生的就业观是其就业策略与行为选择的思想基础，在深层次上影响着高校学生就业，对目前高校学生就业中出现的结构性困难有着极为深刻的影响。大学生就业中存在的

---

① 张晓蕊，马晓娣，岳志春. 大学生职业生涯规划［M］. 北京：北京理工大学出版社，2019：5.

突出问题无不与其就业观念紧密相连，不科学的就业观已成为制约毕业生顺利就业的重要"瓶颈"。

（一）正确的择业观标准

判断择业观的正确与否，总是有着一系列的价值标准，在这个过程中包含着一系列的选择和取舍。但无论大学生具体的就业理想怎样，都必须树立以国家与社会的需要为第一需要的观念，要树立报效祖国、责无旁贷、从基层做起、在奉献中实现自身价值的观念。大学生只有服从于经济社会发展需求这个大局，才能更好地在社会上立足，才能更好地实现自身的职业生涯目标，实现自我价值。"职业生涯主要是指一个人一生在职业岗位上所度过的、与工作活动相关的连续经历。职业生涯是一个动态的发展过程，它反映了职业选择、职位变动、个人职业理想得以实现的整个过程。"[1] 为了实现自己的职业生涯目标，必须处理好两个方面的关系：一是树立符合社会需求的职业理想标准；二是树立正确的自我实现观。

（二）修正自己的职业理想

树立正确的职业理想评价标准和职业理想，只是择业观确立的第一步。我们的择业观，最终是要落实到实践的工作中，职业理想只有通过职业实践才能实现。人的认识是在"实践—认识—再实践—再认识"的反复循环过程中形成的，也只有在这个循环中，大学生的职业理想和择业观念才会不断地得到修正、完善和升华。

确立了正确的职业理想，我们就必须将理想落实到实践中，从一点一滴做起。无论是"先就业、后择业""到基层去锻炼"，还是"自主创业"，第一步都是将自己投入到工作实践中，在工作实践中找出自身工作存在的缺陷和不足，发现自己的就业爱好和兴趣点，找到自己的就业优势和劣势，针对自己的发展要求规划自己的职业生涯，最终实现职业理想。

把握住了正确的职业理想标准和科学合理地实现职业理想的途径，也就把握住了正确择业观的内涵，抓住了工作的主线。只有把握住了这两点，才能把握住正确择业观的关键，才能推动大学生就业问题的解决，保证整个社会的和谐健康发展。

---

[1]　李金亮，杨芳，周欣. 大学生职业生涯规划［M］. 长沙：湖南教育出版社，2019：4.

二、正确择业观念确立的意义

"大学生转变就业观念、适应市场形势、发挥自身主观能动性、开展自主创业，是市场经济发展的必然要求，也是促进大学生实现个人人生价值的一个最佳途径，对促进我国高等教育改革具有重要意义。"[①]

第一，树立正确的择业观，是解决新形势下一系列就业难题的关键。进入 21 世纪以来，随着我国高校大规模的扩招，高等教育大众化所带来的就业压力已经初步显现，大学生出现了就业难的问题，并且此问题越来越严重。对于没有工作经验或一些非名校毕业的大学生来说，当他们面临这些前所未有的竞争和挑战时，树立正确的择业观是解决这些问题的关键。

第二，树立正确的择业观，对构建社会主义和谐社会具有重要意义。相对来说，大学生是一个综合素质较高的群体，大学生作为国家的未来，对于我国经济社会发展具有重要的作用。正确的择业观是在综合考虑家庭、学校、企业、政府与个人关系的基础上形成的，大学生的就业问题，关系着社会中的个人、家庭、学校、企业、政府等各方面的内容，大学生树立了正确的就业观，也就协调好了个人、家庭、学校和政府等所有要素之间的关系，处理好这几者之间的关系，有利于和谐社会的构建。

三、大学生科学择业观的树立方向

科学择业观是以促进学生发展为本，在全面有效评估影响择业各种因素的基础上形成的科学指导学生择业策略和行为选择的思想观念。科学择业观是科学发展观在高校学生择业工作中的具体体现。在高校学生中开展择业指导是提高思想政治教育针对性与实效性的重要途径，而帮助和引导高校学生树立科学择业观则是择业指导中带有灵魂性质的重要内容。

引导大学生树立科学择业观，一方面要做好思想政治教育工作，使大学生树立正确的世界观、人生观、价值观，在对择业的选择上进行正确的定位，能够把自我价值的实现同社会发展的需要相结合；另一方面，要引导大学生正确认识自我，科学制定职业规划，增强择业的技巧和能力，为顺利择业奠定基础。帮助大学生树立科学择业观的实践路径如下。

---

① 李斌. 社会转型期大学生择业观念与行为改变探析——以自主创业为例 [J]. 中共郑州市委党校学报，2016，（01）：95-97.

（一）科学择业观与思想政治教育相结合

科学择业观的形成是以正确的世界观、人生观、价值观的形成前提的，进行"三观"教育是思想政治教育的主要内容，这就使得科学择业观教育与思想政治教育的结合成为可能。从队伍上讲，除了任课教师外，高校担负思想政治教育工作任务的主要是学生工作队伍，包括各院系的党委副书记及学生工作干部，他们时刻关注学生的思想动态，解决学生中出现的各种各样的问题。而在基层从事择业工作的也是这些人，有的院校有专职院系择业工作人员，有的院校是学生工作人员兼职择业工作，都统一归党委副书记领导，因此队伍上是一致的，只是具体分工略有不同。

第一，对学生工作队伍进行择业培训。把科学择业观教育与思想政治教育相结合，实际上是把学生工作重新进行了整合，不仅没有增加学生工作的负担，而且使学生工作更有成效。思想政治教育与择业结合可以焕发出新的活力，找到新的着力点，思想政治教育的成效可以通过学生择业过程中的行为表现进行检验。择业教育相对思想政治教育是一项新提出的任务，随着高校扩招和毕业生择业方式的转变，高校学生择业越来越成为社会关注的焦点问题，对高校学生进行择业教育成为解决择业问题的重要方面。要对全体学生工作干部进行择业专业化培训，使他们参与到学生科学择业观的引导教育中来，在日常的思想政治教育工作中引入择业教育，从而形成全员择业的有利局面。

第二，以思想政治教育引导高校学生树立科学择业观。大学生在择业当中会遇到各种问题，需要充分发挥思想政治教育的针对性、实效性，以解决大学生在择业过程中的思想问题、心理问题、定位问题。通过思想政治教育，帮助高校学生认清个人和社会的关系，把长远利益和眼前利益结合起来，把个人利益和国家利益结合起来，对自己进行准确定位，树立科学的择业观。

（二）科学择业观的全员化与全程化教育

高校应该发挥各科专业教师的作用，虽然从工作体制上来说，专业教师没有明确的职责，但在择业工作中他们可以大有作为。因为这些专业教师均是在某一学科领域有所建树的专家，在学生中有很大的影响力，由他们通过专业的角度对职业规划进行科学分析，对学生有较强的说服力，能促进学生树立科学的择业观。

大学生择业观教育是一个长期的、全面的过程，应当以制度建设为保障，从招生、培养到择业的学校，各教学单位、各职能部门应该协调一致，及时沟通，真正做到全员关注择业。毕业生择业是学生在校期间的最后环节，此时进行择业教育为时已晚，科学择业观教育应当贯穿大学教育的始终。对于新生，进行新生择业教育，初步建立职业生涯发展意识；对于大二、大三、大四的学生，广泛开展职业素养教育，并帮助他们有针对性地提前做好择业准备；对于毕业生，开展择业实务必修讲座，帮助学生顺利择业。

（三）科学择业观教育体系的全面构建

第一，课程建设是开展科学择业观教育的主要渠道。要把课堂教学作为开展择业观教育的主渠道，扩大择业指导课程的覆盖面，不断提高择业指导课程的质量，帮助毕业生提高择业能力，转变择业观念。通过课堂教学，使学生开始关注择业、思考择业、积极主动地投入择业的准备中，并且从理论、方法和实践上为学生提供信息和机会，从根本上提升学生的择业竞争力。

第二，择业活动是丰富择业观教育的重要形式。丰富多彩的择业活动是开展择业指导的有效阵地。要根据大学生的特点设计种类繁多、内容丰富的择业指导活动，以引起学生关注、参与，实现寓教于乐。对毕业生而言，以择业指导月为契机，全面启动毕业生的择业工作，引导全体毕业生尽快进入求职状态，从而使其为择业做好充足准备。对非毕业生而言，在低年级学生中普及职业生涯规划理论，可以使低年级学生及早建立人生规划意识，明确发展方向，有目的地学习、补充自己各方面的能力，分层、分类、有针对性的活动最终促成高校学生科学择业观的形成。

第三，个性化择业咨询和服务是完善择业观教育的重要保障。个性化的咨询和细致入微的服务是择业工作的有力保障。面向学生开展个性化服务，具体包括三方面内容。①对学生情况的了解、分析要个性化，要了解每一名学生的具体情况，包括择业需求、存在问题、个性特长等状况。②对学生的服务指导做到分类指导与分层指导相结合。分类指导即对于不同生源条件、能力条件、学历条件的毕业生给予有针对性的讲座、指导和教育，分层指导即根据毕业生的择业竞争力、择业理解力以及择业与择业中面临的困难层次，采用工作坊、沙龙、训练营、朋辈辅导等不同方式，提出择业策略建议。③确定固定时间，专门为学生提供预约咨询。一对一个性化服务虽然加大了工作量和工作难度，但却能够最大限度地迅速发现问题、解决问题，防患于未然。个别辅导要以学生为本，认真分析学生的特点、需求、心态等因素，将择业辅导贯穿于教育教学和人才培养的始终，从而引导学生树立科学的择业观念。

第二节 就业心理准备

一、求职前的心理准备

随着教育体制改革的不断深入，我国高等教育已从原有的"精英式"教育向"大众化""平民化"教育转变。在这一过程中，市场化就业是市场经济发展的必然要求和客观规律。因此，大学毕业生在求职之前必须要正确地评价自我，摆正所处的社会位置，合理设定就业期望值，理智设计职业发展，保持平和心态。毕业生就业要迎合市场需求，满足用人单位需要，注重自己未来能在这个职业中学到什么，明确自己将来到底从事什么职业。

市场化的就业体系充满竞争，而毕业生择业的过程，又是一个复杂的心理变化过程，面对着繁杂多变、眼花缭乱的社会，毕业生的心理上会产生巨大的落差和压力。因此，要想获得就业的成功，必须要做好充分的心理准备。

（一）认识自己

1. 认识自己的方式

（1）自我分析，认识自己。通过回顾自己的学习、生活经历，对自己的能力、兴趣等有比较清楚的认识，明确自己的优势和劣势。

（2）听取熟人的建议认识自己。家人和朋友是比较了解你的人，可以帮助你看到自我分析所不能达到的方面和深度。有时候家长和朋友的意见是很有价值的，不要随便忽视他们的作用。

（3）借助专门测评机构的测试认识自己。很多学校就业指导部门都提供专门化的心理测试工具和相应的模型，因此，可以借助专业的测试模型来作比较全面、科学的定位。某些专门的测试机构与用人单位有经常性的联系，可以为大学生提供一些用人单位的招聘策略和招聘信息，帮助大学生成功地实现求职。

2. 认识自己的内容

（1）个人的能力与特长。在求职之前，要对自己的能力水平和能力结构作准确而适当的定位，要能清楚认识自己具备哪方面的能力。

（2）人格（个性）。判断自己是属于冲动型还是沉思型，自己是外向的还是内向的；是感觉型还是直觉型；是思维型还是情感型；是判断型还是知觉型。这些准备工作有助于大学生在茫茫"职海"中为自己找到一个求职的方向。

（3）兴趣与爱好。分析自己是喜欢理论研究还是喜欢实际工作，是喜欢与人交往还是喜欢与机器打交道。

（4）自我职业价值观。自我思考，是到偏远地方开发市场有价值，还是到大城市守住一片市场有价值，是做教师的贡献大还是做企业管理人员贡献大。这些将有助于大学生树立正确的人生价值观。

（5）教育水平、经历、相貌、健康等。毕业于什么学校，有多少实践经验，学历如何，身体素质是否适合自己向往已久的职业，这些都是用人单位所看重的因素。因此，做好此项工作有助于毕业生提高就业机会。

（二）明确用人单位的需要

不同工种对从业者有不同的特定的核心能力要求，所以用人单位会对毕业生进行全方位考查，对毕业生的综合素质提出了更高的要求。比如，企业开始注重求职者的人品，希望自己未来的员工能够踏实肯干；要求求职者具有较好的自理能力，对陌生环境有较强的适应性；不仅可以独立完成工作，还要擅长和团队一起完成各种任务等。这些都是企业对高校毕业生重点考查的内容。

（三）科学的心理调节方法

毕业生在面对竞争激烈的就业形势时，应学会自我心理调节，以便帮助自己克服在就业过程中遇到的困难、挫折和心理冲突等。科学的心理调节能够有效地进行自我调控，化解抑郁，排除心理障碍，增强抗挫折、抗压力的能力。因此，毕业生及时调节自己的心理状态，能够保障心理健康，帮助顺利就业。以下是一些常用的心理调适方法。

1. 自我反省

在面对就业过程中的困境时，要保持冷静的头脑，然后再做深入的思考，做到正确认识自我、评价自我。职业的选择，除了参考当年整体就业市场的形势，更应当明确自己的兴趣、爱好、性格、气质、能力及自己的优劣势等内在因素。在对自己有了充分的认识后，要把主观愿望和客观条件结合起来，进行自我定位，使自己在就业过程中始终处于主动的位置。在自我反省时，可以从以下几个方面考虑：待聘的工作职位是否适合自己；如何给职业定位；对这个职位是否有兴趣；参加竞争的优势和劣势是什么。

2. 正确看待社会现象

正确看待社会现象是大学生就业必备的健康心理。人不可能脱离现实而独立存在，因此，在求职过程中要以积极的心态看待社会，学会融入整个社会。有一些大学生的心态是消极的，主要表现在脱离社会、逃避现实等。随着国家劳动制度的不断改革深化，社会越来越尊重知识、尊重人才，有关部门将尽可能为大学生求职择业提供较好的、公平竞争的环境，这也将扩大大学生选择职业的机会，无疑有利于大学生的发展和成才。但也要看到，由于目前我国的就业形势仍然存在供大于求的矛盾，加之教育结构不合理，社会为大学生提供的工作岗位不可能使其都满意。所以要从实际出发，更新择业观念，面对人才市场，必须勇于竞争，以便被社会承认和接受。

3. 勇于挑战自我

在求职过程中，有的大学生顾虑重重，往往对自己的能力缺乏信心，认为自己无处施展才华，不敢主动与用人单位联系，不敢独立进行求职活动，甚至错失良机。其实不然，每一个领域对社会的发展都起着至关重要的作用，即便不能在自己所学领域发挥才能，也可以投身其他行业。作为大学生，不应该因为所学专业而不自信，进而为自己找各种退缩的理由。因此，毕业生在求职道路上，要勇于挑战自我，不断尝试，积累经验是求职成功的开端。

4. 保持理性观念

时刻保持理性观念，并设法将自己的非理性观念转化为理性观念，即最大限度地减少非理性观念给我们的情绪带来的不良影响。现实中，经常会碰到这样一类大学生：他们认为大学生应该从事很体面的管理工作，到生产第一线是很掉价的事，更觉得从事生产一线的工作枉费了多年的大学学习。正是由于这些观念的羁绊，导致了这类大学生在面对就业时容易产生不良情绪。如果能纠正这类想法，适时调整认知结构，则不良情绪就容易克服。

5. 坦然面对挫折

就业市场机会是有限的，众多大学毕业生必然会产生竞争，但用人单位最终只能选择少数能胜任工作的大学生。因此，在求职过程中，大学生肯定会遭遇被拒绝的尴尬，即便是各方面都很优秀的大学生，也可能遭遇拒绝。所以大学生应当树立通达乐观的得失观，用积极的态度、百分百的努力为每一次应聘做准备。同时也要意识到，即便遭遇求职失败，也不要灰心丧气，要善于总结经验，扬长避短。

6. 寻求专业的心理咨询

在就业过程中，大学生可能会因各种原因而产生不良心理。在这种情况下，建议学校专门开设心理咨询门诊，以方便大学生得到及时的心理援助。心理咨询师通过采用一定的心理咨询与治疗方法，能够有效地矫正大学生的不良心理。

（四）善用社会资源

求职是个人奋斗的过程，更是一个不停尝试和探索的过程。除了自己事先设定的目标，大学生不妨尝试一下与自己目标相近的职业，有时也会有意外的收获。求职也需要大学生调动自己所有可以利用的社会资源，如可以请家里的亲朋好友帮助自己提供就业信息，请他们推荐用人单位，或者可以联系以往的师兄、师姐，他们也有过同样的求职经历，能够理解大学生求职过程中遇到的困难与迷茫，能够给予一定的心理帮助和抚慰。此外，还可以请他们推荐用人单位，从而增加就业口径，提高就业概率。

二、就业时的心理素质

（一）就业心理素质的含义

心理素质是指个体通过教育和活动形成的对个体活动产生影响的较稳定的心理品质。它是人类在长期社会生活中形成的心理活动在个体身上的积淀，是一个人在思想和行为上表现出来的比较稳定的心理倾向、特征和能动性。

就业心理素质是指对大学生就业有重要影响的心理能力、活动水平及人格特点，它涉及的内容非常广泛，主要包括业务能力、职业成熟度、就业人格特点三个部分。就业心理素质是大学生在大学四年的就业准备及其他活动如学习、社会实践影响下形成的比较稳定的择业心理特点，是大学生顺利就业、应对就业挫折、实现职业适应与成功、形成各种就业心态的心理基础。

（二）就业应具备的心理素质

1. 自信心

自信心是一种自我肯定、自我信任，相信自己的力量能够实现一定目标的心理。具备自信心是大学毕业生择业成功的重要因素，也是大学生重要的择业心理素质之一。

具备自信心的大学毕业生，在求职中能表现出坚定的态度和从容不迫的风度，由此赢得用人单位的赏识和信任。大学毕业生有了自信心才能进行正确的自我评价，才能充分认识自身存在的价值，对自己的性格、兴趣、能力、出色的成绩及各方面的长处给予肯定的自我评价，对自己无法补救的缺陷也能正确对待。能充分相信自己的各方面能力，择业时很投入，不怀疑自己的能力，正确地认识和估量环境及所遇到的困难，并以最旺盛、最活跃的精神状态去克服困难，以足够的耐受力面对挫折，以足够的勇气迎接挑战。有自信的大学毕业生能够对职业的要求有明确的概念，求职时懂得怎样扬长避短，会千方百计地采用最有效的捷径追求目标，即使遇到暂时的挫折，也对自己的前途充满自信。

2. 竞争意识

竞争是指人与人、群体与群体对于一个共同目标的争夺，是竞争主体通过较量而获取需要的对象的过程。人们时常把当今时代称为竞争的时代。竞争无处不在，大到国与国之间的对抗，小到人与人之间的竞争。为了获得自己理想的职业，大学生在大学期间就要努力培养自己的竞争能力，而这恰恰取决于竞争意识的确立。具有优良竞争意识的大学生，他们往往不畏强手，能够发挥潜能，顽强竞争，希望战胜其他竞争对手，胜过他人，实现自我价值。要想在求职与择业中获得成功，大学生应做到以下两点。

（1）敢于竞争。当今时代，竞争机制已经渗入社会的各个领域和人生的整个过程。学习生活一开始，同学之间便开始了学习成绩的竞争，人人都希望得到好成绩，升入好的中学和大学。在大学阶段，竞争更为激烈，评三好学生、优秀毕业生，评奖学金，推荐研究生等，无一不和竞争联系在一起。但是大学生的竞争意识在过去并没有得到真正的强化，有的大学生面对竞争显得手足无措。当今竞争激烈的时代对大学生强化竞争意识提出了迫切要求，也提供了客观环境。迎接新的挑战、强化竞争意识是大学生在择业中必备的心理素质之一。

强化择业的竞争意识，一是要在正确自我评价的基础上，充分相信自己的实力，敢于通过竞争去达到理想的目标；二是必须在心理上强化自身的竞争意识，自觉地正视社会现实，转变观念，做好参与竞争的心理准备。

（2）善于竞争。要想在就业中取得成功，仅仅敢于竞争还不够，还必须善于竞争。善于竞争体现在具备良好的心理素质、实力和竞技状态。如果一个人自始至终都以良好的情绪对待学习、工作和生活，那他就有可能在竞争中获胜。在求职与择业竞争中，应注意期望值是否恰当。期望值是个人愿望与社会需求的比值，期望过高会使心理压力加大，注意力难以集中，造成焦虑，影响正常水平的发挥。

3. 挫折承受能力

所谓挫折承受能力，是指个体在遭遇挫折情境时，能否禁得起打击和压力，有无摆脱和排解困境而使自己避免心理行为失常的一种耐受能力。在当前的就业大环境下，就业压力较大，大学毕业生在求职过程中遇到挫折是难免的，关键是如何看待它。如果能以积极的态度和适宜的疗法去对待挫折，把挫折当作磨砺成长的磨石，就能很好地适应挫折，激发自己的潜能，仔细寻找失利的原因，调整好目标，脚踏实地地前进，争取新的机会，从求职失败的阴影中汲取经验教训，最终战胜失败；如果抗挫折的能力较差，就会在求职择业的过程中因遭受失败而丧失信心，使挫折成为成功的绊脚石。因此良好的挫折承受能力是大学生成功择业的重要心理素质。

4. 对环境的适应能力

主动适应能力是指个体为满足生存需要而积极与环境发生调节作用的能力。主动适应能力是心理素质的核心内容之一，也是未来社会对人才素质的基本要求之一，是大学毕业生择业必备的素质。而市场经济时代，大学毕业生求职择业必须接受市场的筛选、竞争的考验，因此，大学毕业生必须主动适应市场的需要，否则会被无情地淘汰。另外，社会是复杂多变的，对于刚刚步入社会的大学生来讲，难免会有些不适应，大学毕业生只有具备了较强的适应能力，才能尽快适应环境，获得更充分的生存和发展条件，成为社会所需要的合格人才。

5. 择业心理状态

当代大学生的择业心理从总体上讲趋于理性。大学生要能够面对现实，接受现实，主动地适应环境的变化，对突发事件能够较好接受而不逃避现实，对生活、学习和工作中的困难能够做到妥善处理，对挫折、失败有足够的勇气和信心；不仅能接受自我、悦纳自我，也能接受他人、悦纳他人，充分认识、肯定别人存在的重要性，乐于与人交往，具有同情、友善、信任、尊重等积极的态度；情绪稳定，热爱生活，乐于工作，既能尽情享受生活的乐趣，又能积极进取，不断开拓自己的生活空间，充分发挥自己的聪明才智，体验成功的喜悦，使积极的情绪多于消极的情绪。

面对就业择业，大学生的心理是复杂而多变的，具备积极的理性的择业心理，可使大学生在面对考验和矛盾时，做到镇静自如、乐观向上、勇于创新、果断决策，从而保持一种稳定而积极的心态，达到如愿就业的目的。

（三）就业心理素质的影响因素

第一，社会因素。处在社会转型阶段，人们的价值观念、行为准则和思维方式也都会发生变化，这就彰显出毕业生选择就业岗位的多元性。但是受功利主义、实用主义等社会现象的影响，导致一些毕业生在选择职业时会放弃自己的理想或职业目标，舍弃长远职业规划而优先考虑眼前利益，选择当下收入待遇最优的岗位。

第二，学校因素。"随着高校毕业生数量的不断增加，大学生就业难度持续攀升，在这种背景下，如何进一步做好就业指导工作，转变大学生就业理念，提升大学生就业能力，帮助其顺利就业，成为高校办学中一项越来越重要的任务。"[①] 当今很多高校对毕业生的就业指导多在思想、政策教育和就业形势等方面，而对他们真正需要的求职能力、心理健康等方面的教育有所欠缺，因此，高校要满足大学生的内心需求。

第三，自身因素。当前经济社会发展迅速，社会对人才的要求更高，而由于多方面原因，很多毕业生的能力和综合素质无法满足社会需要。由于毕业生尚未走向社会，心理机制尚且不成熟，无法正确认识自我，就业时往往盲从随大溜。高校毕业生社会实践不足，对自我认知偏高或偏低，第一次职业选择思想准备不足，假如现实工作和理想中落差太大，可能引发心理问题。每年都有新的就业群体，就业形势和就业环境也是处于不断变化之中，而采取符合现实需要的就业举措，形成长效机制，迫在眉睫。

（四）就业心理素质的提升对策

高校想要解决大学生就业的心理问题，需要做好以下方面的工作。

1. 引导学生树立良好的就业观

很多高校毕业生的就业期望普遍较高，应该帮助他们树立正确的就业观，要按照每个学生的实际能力和兴趣特长及现实工作需要设立可行性的就业目标。引导学生树立良好的就业观，需要注意以下原则。

（1）立足社会现实。高校毕业生就业时应该遵循社会大环境要求，不能一味追求"自我"，应将个人理想与社会需求联系起来。

（2）面对社会现实。毕业生应对自我有清晰而准确的认知，在性格、能力和理想目标等方面做出客观分析。还要了解当前的就业形势，洞察社会对人才的需求变化，避免求职

---

① 杨文杰. 高校大学生就业指导困境以及破解策略［J］. 现代职业教育，2022（35）：153.

时随波逐流。另外，毕业生在就业时，应调低对工作的期望值，甘于从基层做起，放低姿态勤勤恳恳，努力适应社会环境和现实工作的需求。

2. 加强就业中的心理咨询工作

高校要加强毕业生就业中的心理咨询工作，帮助毕业生建立良好的择业心理机制。首先，引导学生树立长远的职业意识。建立长远的职业规划，选择适合自己的工作最重要。其次，培养毕业生良好的职业性格。很多用人单位在招聘时，都十分看重求职者的性格，如乐观开朗、正直谦逊、乐于助人、具有团队精神的性格很受青睐，这会帮助毕业生建立良好的人际关系，创造有利的工作环境。最后，训练毕业生的求职技巧，向毕业生讲授写简历和求职面试的技巧。

第三章 大学生基本工作能力的提升

第一节 职业道德

一、职业道德的认知

道德是社会学意义上的一个基本概念，不同的社会制度、不同的社会阶层都有不同的道德标准。道德是一定社会、一定阶级向人们提出的处理人与人之间、个人与社会、个人与自然之间各种关系的一种特殊的行为规范。"大学生作为社会中的重要群体，在新时代必须将其作为道德教育的重点对象，开展将新时代的发展要求与大学生的自我需求相结合的道德教育。这样做不仅使大学生自身思想道德素质得到提高，而且能够带动社会整体道德水平的提升，推动新时代中国特色社会主义新风尚的建设。"[①]

职业道德指从事某一行业中的人们在长期的生产、经营、管理活动中形成的，被本行业绝大多数人所接受的，对本行业中的行为人有普遍约束力的思想观念和行为准则。职业道德属于自律范畴，它通过公约、守则等对职业生活中的某些方面加以规范。职业道德既是本行业人员在职业活动中的行为规范，又是行业对社会所负的道德责任和义务。

职业道德的含义包括八个方面：①职业道德是一种职业规范，受社会普遍的认可；②职业道德是长期以来自然形成的；③职业道德没有确定形式，通常体现为观念、习惯、信念等；④职业道德依靠文化、内心信念和习惯，通过员工的自律实现；⑤职业道德大多没有实质的约束力和强制力；⑥职业道德的主要内容是对员工义务的要求；⑦职业道德标准多元化，代表了不同企业可能具有不同的价值观；⑧职业道德承载着企业文化和凝聚力，影响深远。

---

① 刘莹. 新时代大学生道德教育研究［D］. 大连：辽宁师范大学，2022：3.

二、职业道德的特征与作用

(一) 职业道德的特征

职业道德是社会道德体系的重要组成部分，具有以下四个方面的特征。

第一，职业道德具有适用范围的有限性。每种职业都担负着一种特定的职业责任和职业义务。由于各种职业的职业责任和义务不同，从而形成各自特定的职业道德的具体规范。

第二，职业道德具有发展的历史继承性和稳定性。职业道德在内容上，往往表现为世代相袭的职业传统，形成比较稳定的职业心理和职业习惯，由于职业具有不断发展和世代延续的特征，不仅其技术世代延续，其管理员工的方法、与服务对象打交道的方法，也有一定的历史继承性。

第三，职业道德表达形式多种多样。职业道德是为了适应各种职业活动的内容而形成的，所以，职业道德和社会公德相比，在形式上比较灵活多样。有的职业道德以条文的形式向人们公布；有的是以标语的形式公布，如商店里的"顾客第一，热诚服务"等；有的是同事之间、师徒之间的心照不宣。

第四，职业道德有强烈的纪律性及可操作性。职业道德往往表现为行业公约、规章制度、职工守则、岗位守则、文明公约、劳动纪律等形式，同时还具有一定的纪律性，这样就便于执行。例如，工人必须执行操作规程和安全规定，军人要有严明的纪律等。因此，职业道德有时又以制度、章程、条例的形式来表达，使从业人员认识到职业道德又具有纪律的规范性。

(二) 职业道德的作用

职业道德一方面具有社会道德的一般作用；另一方面又具有自身的特殊作用，具体表现在以下方面。

第一，调节职业交往中从业人员内部及从业人员与服务对象间的关系。职业道德的基本职能是调节职能，一方面，它可以调节从业人员内部的关系，即运用职业道德规范约束职业内部人员的行为，促进职业内部人员的团结与合作。如职业道德规范要求各行业的从业人员都要团结、互助、爱岗、敬业，齐心协力地为发展本行业、本职业服务。另一方面，职业道德又可以调节从业人员和服务对象之间的关系。比如，职业道德规定了制造产品的工人要怎样对用户负责，营销人员怎样对顾客负责，医生怎样对患者负责，教师怎样对学生负责等。

第二，有助于维护和提高本行业的信誉。一个行业、一个企业的信誉，也就是它们的形象、信用和声誉，是指企业及其产品与服务在社会公众中的信任程度。提高企业的信誉主要靠产品的质量和服务的质量，而从业人员职业道德水平高是产品质量和服务质量的有效保证。若从业人员职业道德水平不高，很难生产出优质的产品和提供优质的服务。

第三，促进本行业的发展。行业、企业的发展有赖于高的经济效益，而高的经济效益源于高的员工素质。员工素质主要包含知识、能力、责任心三个方面，其中责任心是最重要的。职业道德水平高的从业人员其责任心是极强的，因此，职业道德能促进本行业的发展。

第四，有助于提高全社会的道德水平。职业道德是整个社会道德的主要内容。一方面，职业道德涉及每个从业者如何对待职业，如何对待工作，同时也是一个从业人员的生活态度、价值观念的表现，是一个人的道德意识、道德行为发展的成熟阶段，具有较强的稳定性和连续性；另一方面，职业道德也是一个职业集体，甚至一个行业全体人员的行为表现，如果每个行业、每个职业集体都具备优良的职业道德，那么对整个社会道德水平的提高肯定会发挥重要的作用。

三、大学生职业道德的培养方向

"大学生职业道德素养的提高既要求高校改变传统的教书育人模式，为学生提供良好的教学环境，又需要大学生树立起符合时代需要的职业道德观念，进而能够做到外化于行，从而有助于提升人民的职业道德素养。"[1] 大学生职业道德的培养方向可以从以下方面进行。

第一，忠实。忠实不但是对别人交办的事情尽心尽力，而且对自己从事的工作竭尽全力，不浮躁应付。本着忠实的态度应对工作，更容易取得成功。

第二，诚信。诚信是待人接物的要素，也是职业上不可缺少的品德。

第三，敬业。"敬"包含认真、精细、努力、忠实等。人对于事业，必须注重"敬业"，才能有所作为。敬业就是对自己从事的职业加以研究，勤勉从事。

第四，勤劳。无论公事大小、事情简繁，做事都要勤勤恳恳、切切实实、一丝不苟；

---

① 霍泳帆. 提升大学生职业道德素养的路径研究 [J]. 中外企业文化，2022，(07)：217-219.

能吃苦，善做事，不偷懒，不躲避，不推诿。

第五，谦卑。无论在社会生活中，还是在日常工作中，都必须做到用心做事，谦卑待人。

第六，和悦。有良好的精神状态，精力充沛。工作中，始终处于一种饱满的工作状态。只有乐业，人才能从工作中得到精神享受，从工作中领略趣味，生活会更有意义。

第七，责任心。无论什么职业，责任心、责任意识都是做好工作的内在动力。

第八，进取心。有了职业，还必须有进取心，才能使事业发展起来。如果没有进取心，故步自封，工作上不想精益求精，事业就没有发展的希望。在开始工作时，应把积累工作经验、提高工作能力作为目标，这是今后扩大自己职业空间的基础。

第九，团结力。一个融洽的工作环境就是成功的一半。要想保证一个团体的生机和活力，就要使每一个成员能够相互支持和包容，成员间充分尊重对方的意见。

第二节　人际关系处理能力

一、人际关系的成因

（一）人际关系形成的先决条件

先决条件是指对于人际关系的形成和发展具有普遍促进作用的决定性条件。人际关系形成的先决条件主要有以下三点。

1. 人

人类首先是一种生物存在或自然存在，具有生命力和自然力。而自然生命的存在是人存在的基本的自然的前提，是人从事一切社会活动的物质载体，也是人得以存在和发展的物质基础，因而，人是构成人际关系的第一个前提条件。

2. 人际接触

在人类发展的初期阶段，人作为个体，依靠自身的能力是难以在自然界中生存的，必须通过劳动过程中的互助协作来实现人的存在，因而劳动过程中的这种协作关系，提供了人和人接触的机会，建立了最初形态的人与人之间的关系。所以可以说，在人际接触即交往中，孕育着人际关系的形成与发展，没有人际接触即人际交往，便没有人际关系，也就没有人类社会。

从一定意义上可以说，人与人之间接触的机会、频率、方式，对人际关系影响极大。"邻近性"在人际关系的形成和发展中有重大作用，在人际关系研究中颇为重要。"邻近性"的实质就在于人与人之间存在较多接触和互动的机会。某位社会学家进行的一项调查结果表明，居民们和住得最近的人最亲密。因此，一般说来，直接的、频繁的、信息性的接触，对人际关系的影响更大一些。

3. 人际需要

人际交往活动是以人的需要为前提的，人与人之间的一切关系，都是建立在一定的相互需要的基础上的，如果没有相互需要，即使有彼此接触的机会，那么也不会形成一定的关系。人类的许多需求，都是出于人类的本性，是人类所共有的。

(二) 人际关系发展的基本动力

1. 人的生产

人的生产就是人类自身的生产，即人类种族的繁衍。人类通过不断地生产出新的生命，而产生出人际关系的主体。可见，人的生产对人际关系的影响为产生了人际关系的主体，形成了最基本的人际关系，为人际关系的发展奠定了基础，从而保证了人际关系的发展。历史上曾经因战争、疾病、自然灾害等原因，破坏乃至中止了一些地区的种族人的生产，结果导致这些种族的灭绝，也导致了这些种族人际关系的灭绝。

从人的生产来看，它最初产生的人际关系有以下三种。

(1) 家庭关系，如夫妻关系、姊妹关系、父子关系等。

(2) 亲属关系，如祖孙关系、叔侄关系、舅甥关系等。

(3) 社会关系，如亲人朋友之间的关系、同住地周围人的关系。

人的生产数量和质量，对人际关系的形成和发展有着不容忽视的影响。人口数量对人际关系的总体影响是：人口越多，人口密度越高，人与人之间相互接触和结成关系的可能性就越大。从人的生产质量来看，它对人际关系的形成和变迁的影响，主要表现在通过种族繁衍的自然选择来调节人的婚姻、血缘关系。人类初期，因文明程度较低，大多采取近亲婚配，影响了后代的质量。随着人类社会的不断进步，人的婚姻范围逐步扩大，使人际关系由血缘关系向非血缘关系扩展，人的质量得到改善。

2. 物质的生产

人类为了生存，需要有维持生存的最基本生活资料，人们则要进行物质资料生产活动。而在生产中需要以一定方式结合起来活动和互相交换其活动，必然需要建立起各种各样复杂的社会关系。可见，物质生产是人际关系形成和发展的决定性动力。此外，人只有与他人合作，才能增强征服自然的能力，获取更多的生活资料，同时降低对自然界依赖的程度，因此也提高了人际关系的发展水平。

从社会发展来看，现代化的大机器流水线生产，将许多人集中到一起共同生产，提高了生产社会化的程度，也发展了人与人之间的社会关系。可见，物质生产的发展促进了人际交往的扩大，并且随着社会交通的迅速发展，使人们大大克服了空间距离的限制，增加了交往的次数，促使人际关系更加密切。

3. 精神的生产

随着物质生产的发展，人类社会的精神生产也得到发展。但与物质交往不同，精神交往关系的制度化和规范化形成社会意识形态，其特点是具有强烈的价值倾向性。可以说，由于精神生产的迅速发展，促使人类语言的整合、情感的交流、信息的传递、知识的爆炸、艺术的繁荣、观念的变化等，而这一切都有力地影响着人际关系的形成与发展。

人类精神生产的方式随着社会发展不断改变，也使人际关系方式发生着相应变化。在人类早期社会，精神生产十分分散，一个部落的文字语言与其他部落不通用，最初的精神生产是个人凭兴趣单独进行，其精神成果只在内部享用。而随着人类社会向文明化迈进，各民族的语言交流日益频繁，其精神活动显现出有组织、大批量地进行，如当今社会出现的集中开展的科学研究，生产精神产品。精神生产的方式越先进，人际关系发展越显著。

二、人际关系的影响因素

（一）个体因素的影响

个体因素即关系主体的内在因素，指个体在人际交往中表现出的人格心理特征、个体交往素质、人际认知等因素，它对人际关系有着重要的影响和制约作用。

1. 人格心理特征

人格心理特征，也可称为个性心理结构，是一个复杂的系统，它主要反映为个体的个性心理特征和个性倾向，如个体的价值心理、气质、性格、兴趣及能力等方面，它们对人际交往有着重要的影响。

（1）价值心理。价值心理指个体对作用于自身的客观事物或对于其所参与的活动的价值，所进行的心理评估的一种稳定的个性倾向性。对于个体而言，价值心理一旦形成，便对其态度和行为起着指导和调节作用。若自身行为违反了自己的价值心理，便会出现心理上的不平衡，产生负疚感和自责感，因而正确的价值心理有利于人际关系的正常发展，而有问题的价值心理则会成为人际交往的障碍。

（2）气质。气质是一个心理学概念，指人的神经活动的类型，即表现在一个人的心理活动的强度、速度及灵活性方面的典型的、稳定的心理特征。从常见的气质类型对人际关系的影响来看，多血质的人，反应快而情绪多变，活泼开朗，善于与人交往；胆汁质的人精力旺盛，性格外向，也易与人交往。而其他两种气质类型，即黏液质、抑郁质的人，性格内向，喜爱安静和独处，表现出不善与人交往。从心理学角度划分的人的气质类型，无好坏优劣之分，每种气质类型有其优点的同时，也有其缺点，但具有相对的稳定性和可塑性的双重特征。

现代人对气质的理解，更侧重一个人由内向外散发出的一种美的个性魅力。在当今社会的人际交往中，交际者具有其特有的和良好的气质，能为自身增添魅力，促使人际交往的顺利展开，并获得令人赞美、敬慕的效果。

（3）性格。性格是指通过比较稳固地对现实的态度和与之相适应的习惯化了的行为方式所表现出来的心理特征。性格是个体在后天适应和改造社会的环境过程中逐步形成并发展的。

（4）兴趣。兴趣是反映个体行为指向特征的个性心理指标。"兴趣是最好的老师，它可以充分激发人的潜能，提高人的工作效率，既是保证职业稳定性和工作满意度的重要因素，又是进行职业选择的重要依据。"[①] 一般而言，个体之间在兴趣上存在着广泛与狭窄、持久与暂时的差异。若一个人兴趣较窄，则不易与人产生共鸣，会阻碍人际交往的进行，所以需要重视个体兴趣的培养。

（5）能力。能力是指直接影响活动效力、使活动得以顺利完成的个体心理特征。能力可以说是动态的反映，但也是影响人际交往最基本、最直接的心理因素。就个体的能力而言，可以分为一般能力和特殊能力。一般能力指注意力、观察力、思考力、想象力、表达力、记忆力等。特殊能力则指其专业方面的能力，如绘画能力、写作能力、数学能力等。通常特殊能力是几种一般能力的有机结合而在某一方面的突出表现。这里要特别提到的是，人们从实践中锻炼出的社交能力，可谓是一种特殊能力，它对人际关系有着重要的作用。

---

① 张少飞，张劲松，魏鹏，等. 大学生就业指导［M］. 济南：山东人民出版社，2018：2.

2. 个体交往素质

（1）仪表形象。仪表指人的外表，包括人的仪容、表情、姿态、服饰等具体构成因素。交往个体仪表的作用不可忽视，它在很大程度上影响着人际交往的效果。往往仪表在人际交往及沟通的最初阶段，最吸引对方注意，人们常说的"第一印象"，其产生多来自个体的仪表。显然，在人际交往中，良好的仪表不仅能美化自身形象，同时也体现对对方的尊敬，这已成为人们的思维定式。仪表虽是人的外表，但它也是一种无声的语言，在一定意义上能反映出一个人的修养、性格及特征，对沟通的有效展开显然至关重要。

（2）文化素养。文化素养主要反映为个体的人生价值观念、知识水准、审美趣味、礼仪修养等，它是影响人际关系的一个重要因素。

首先，价值观念。价值观念是指个体对人生意义和作用、衡量人生价值标准以及怎么实现人生价值等问题的观念及看法。一个人的价值观念及处世态度，会很大程度地影响他的人际交往态度和方式。当然，个体的价值观念会受到自身人格的影响。一般具有理性价值观的人，偏重对理想和信念的追求，他们在处理人际关系时，强调的是信念的一致性、坚韧性，更注重大局的利益，因而价值观念会直接影响个体的行为，以致影响其人际关系。

其次，知识水准。知识水准是指个体所拥有的文化知识达到的程度及水平。在人际交往中，个体的知识水平对交际效果的影响不容忽视。拥有一定的知识积淀，可使人具有良好的语言表达能力，促使与人的交流和沟通。因为交际主要是通过言语进行的，一个人文化修养的深浅会直接影响他对话语意义的理解。因而要建立良好的人际关系，个体需要不断提高知识修养，提升自我形象，美化个人气质。

再次，审美趣味。个体的审美趣味是指对美的事物的感知力和鉴赏力。这一因素也会影响人际交往的进行。可以看到，个体若有较高的审美趣味，会产生对艺术美的热爱和追求，会懂得欣赏艺术，因而有生活情调，并使人性情温和，情趣高雅，在交往中易于理解对方并激发对方的热情，由此可推动人际关系朝着良好的方向发展。

最后，礼仪修养。个体的礼仪修养是指在人际交往中体现出的良好行为规范。良好的礼仪修养能令交际者在所有场合里表现得自如从容、举止大方、谈吐文明、仪态优雅。交际者以彬彬有礼的姿态表现出对对方的尊重，以此获得对方的信赖，从而自然地营造出融洽的人际关系。

（3）道德品质。由人类的文化特征和价值取向所决定，人类的交往活动及人际关系是被赋予道德属性的。个体的道德活动从本质上说是与他人发生关系的人际行为，道德的目的也在于维护人际行为秩序，保障社会的发展。当然，不可忽略人性有道德需求，一方面是人自我肯定、自我完善、自我革新、自我提高的需要；另一方面是协调人际关系、维护社会秩序的需要。这种需要使人无时无刻不与他人发生联系，并对其行为做出道德选择。在具体的人际情境中，人们会对任何具有或符合一定道德准则的行为给予肯定和赞许；而对任何缺乏或违背道德准则的行为则予以否定并谴责。主体良好的道德品质会引导和推动交往关系的正常发展；反之，主体缺乏正当的道德品质，便会造成与他人交往的障碍。可以这么说，道德维度规约着人际交往的内容与方式。

品德修养是一个人人格的最高体现。做一个有品德修养的人，不仅是对他人、对社会的尊重，更多的是对自己的尊重与珍惜。人们都愿意同那些有良好品德修养的人相处，因为同他们相处，会有如沐春风的感受。因此，品德修养也是一个人社交魅力之所在。

（4）交往技能。个体对于交往技能的掌握和运用是有差异的。交往技能主要体现为交际者是否能成功地展开人际公关的能力。其实，与人交往的过程是一个不断遇到问题又不断解决问题的过程，因而善于运用交往技能的人，能有效地排除人际交往中的障碍而妥善地处理人际关系。当然，人际交往能力的提高，需要借助各方面的学习，更需要通过长期的实践积累。作为个体若能注重自身交往技能的提高，则必然有助于其人际关系的改善。

3. 人际基本认知

人际认知是指个体通过人际交往，根据认知对象的外在特征，推测与判断其内在属性的过程，或者说是在个体与他人交往过程中，观察了解他人并形成判断的一种心理活动。人际交往与人际认知有着密切关系，任何人际交往都包含有认知的因素，并且建立在认知的基础上。在日常人际交往中，唯有主体的主观认知与客观实际相符，才能根据不同的对象采取相应的交往方式，促使交往顺利进行。

（1）人际认知效应。

一是首因效应，即第一印象，指的是人们在第一次交往中对他人形成的印象最深刻，难以改变，往往影响以后的交往。首因效应使认知者得到第一个关于认知对象的感知和意象，甚至是概念，因此每当再次与认知对象接触时，原先的意象和概念就会产生"筛选作用"，即新信息中与原先印象相符合的信息被接受，而另外一些就被不自觉地忽视。在日常生活中，与他人接触时，都会产生首因效应。如果首因效应是和谐的，那么这种和谐会产生惯性，至少会维持一段时间。

二是近因效应，它是指在人际交往中，最近的印象对人的认知产生的影响作用。换言之，在交往主体的印象形成和态度改变中，新近得到的信息比既往得到的信息对于整个印象和态度会产生更强的影响。在日常生活中，教师对学生的鉴定、领导对下属的评价、下级对上级的印象等人际认知都与近因效应密切相关。

三是晕轮效应，它是指在人际交往中，人们常以对某人某一特性的认知推及到尚未认知的其他特征上。晕轮效应又可称成见效应、光圈效应、日晕效应，是在人际知觉中所形成的一点概念或以偏概全的主观印象。晕轮效应所揭示的人际认知泛化、扩张和定式普遍体现在人际交往中。晕轮效应还充分体现在对历史人物的评价中，如对秦始皇的否定、对诸葛亮的神化。应该承认，晕轮效应多有认知偏差，但由于它符合人们的认知规律，因此，人们表现得宁愿让自己认知结果有偏差，也要保留由此所得的认知结果。显而易见，作为被认知者就要遵循这条规律，做到有效控制传达给对方的信息，避免对方对自己产生不良的晕轮效应。

四是刻板效应，它是指在人际交往中，对某人或某一类人进行简单概括归类，形成比较固定的印象或看法。刻板效应常常表现为：因认知对象的国籍不同而形成的刻板效应，因职业、年龄不同而形成的刻板效应，因性别不同而形成的刻板效应。刻板效应是认知者通过归类、概括而产生的人际认知，它往往既是人际认知的重要捷径，也是造成人际认知偏差的主要原因。因为一般情况下，人的个性具有稳定性。因此，这些被认知对象的品质就类似于物理性质与化学性质，为他人认知自己提供了重要的捷径。如果刻板效应是建立在一种不正确的意象及概念之上的，那么所得的认知结果便会导致人际认知出现偏差。

（2）人际认知偏差。所谓人际认知偏差，是指由于认知方法不正确而引起错误的一种人际认知现象。在现实生活中，有人会受到他人的喜欢和仰慕，有人却被周围的人厌恶和疏远，造成这种人际关系相容或相斥的原因，除了以上分析的因素之外，还有一个不容忽略的因素，便是认知偏差。它通常具有以下表现。

一是第一印象偏差。第一印象对于人际认知具有很强的决定力，通常在初次见面时，交际者易将对方的仪表风度、谈吐举止当作主要的感性认识，便据此片面地形成一种意向与概念，得到"第一印象"，这便是现实生活中"以貌取人"的现象。可见，第一印象是受对方外在因素所制约、建立在大量感性认识上的一种直觉。虽然外在的形貌比内在的智力、性格、态度等更容易迅速引起反应，但它毕竟是不全面的，因而第一印象容易造成人际认知的错误，需要予以正确的认识。

二是单向思维偏差。出现这种偏差，是认知者习惯以单向思维判断交往对象的结果。例如，对方被认为是好的，人们就很难发现他不好的一面；反之，对方被认为是不好的，人们也就很难相信其有好的表现。事实上，一个人的内心世界总是不一致的。单向思维易导致人际认知出现偏差，只有对交往对象以多向思维去考察，才能获得正确的人际认知。

三是综合品质偏差。这是人际交往中经常出现的一种认知偏差，即在综合他人品质时，将他人积极的一面加以弱化，而将他人消极的一面加以夸张的现象。这反映为现实中一个人好的品质不易引起人们的注意，因而不容易形成印象；而一个人的不良品质却较容易引起人们注意，快速被人形成印象。这种偏差是认知过程中最易犯并且也最危害人际关系的认知错误，应有正确的克服方法。

四是主观尺度偏差。主观尺度是指认知者由自身个性决定的评价系统。人与人之间存在着诸多差异，如兴趣、动机、需要、价值观、人生观等，还有性格、气质、能力上的差异，这些会导致在认知上形成不同的主观尺度。就认知个体来说，其主观尺度也不是恒定不变的，有时也会自相矛盾。因此，在正常的人际交往中，应警惕这种认识偏差，在对交往对象的认知上，不能认为对方符合自己的主观尺度，就盲目地认同，持肯定的态度；反之，则形成一种否定、排斥的态度。

（3）人际认知的"双向性"过程。人际认知实质上也是一个认知者对被认知对象形成"感觉、知觉、意象、概念"的过程。但是，人际认知的双方都是具有主观能动性的人，因此，与对其他事物的认知有所不同。人际认知是一个双方信息"双向交流"的过程，因而，人际认知过程具有多变量性、不一致性、互映性和制约性的特点。

（二）社会因素的影响

1. 社会背景的影响

（1）社会制度的影响。社会制度是指在一定历史条件下形成的社会关系和与此相联系的社会活动的规范体系。社会制度是发展变化着的，由此也影响人际关系的变化和发展。就宏观而言，人际关系的每一种历史形态的演变无不与社会制度联系在一起。就微观而言，人际交往的范围在不同时期以及不同地区会发生不同变化。如在较为开放的社会制度里，人际关系的范围往往容易扩大；反之，在较为封闭的社会制度里，人际关系容易狭窄。

（2）社会道德的影响。社会道德是指由社会舆论力量和个人内在信念系统驱使支持的行为规范的总和。可以这么说，人际交往就是社会交往，它不可以混乱无序，必须纳入一定的规范中，进行必要的控制、约束和调节。道德正是这种规范和调节的手段。因此还可以这样解释道德：道德属于社会现象，是行为规范与准则，能够对人们之间的关系进行调整。社会道德主要是依靠社会舆论、传统习惯和人们的内心信念来维持的，并用善与恶、公与私、诚实与虚伪、正义与非正义等范畴来评价并影响人们的心理、意识、情感和意向的调节方式，所以它的影响是非强制性的。

正因为社会道德的影响，人们便依据道德规范来辨别是非、善恶、美丑，并以道德规范来指导或调节自身行为。在现实社会里，人们遵守道德规范，能够感受到内心安宁，被舆论赞许；反之，如果人们漠视甚至打破道德规范，就会感到内心愧疚，被舆论谴责。显然，交往中的关系主体讲求道德、诚实守信、平等互助、助人为乐，能够营造一种良好、温馨的人际氛围，促进社会文明的进步。因此，社会生活的正常秩序和人类文明的发展，客观上要求有一定的道德规范来调整各种人际关系。

（3）法律的影响。法律的本质是规范人的行为，自然也规范着人际关系。法律的影响是通过国家强制力量的支持，来调节人们法定的权利和义务关系。任何社会里，人们在法律范围内进行人际交往活动、建立和发展人际关系，便会受到法律的保护。从法律对人际关系的影响来看，若社会法律健全，并贯彻实施到位，则能促使人际关系健康而正常地发展；反之，法律不健全或实施不利，便会阻碍人际关系的正常发展。

（4）社会习俗的影响。这里所说的"社会习俗的影响"，主要指的是交往双方受到的一定社会中待人接物的风俗习惯及生活方式的影响。民族不同、国家不同、习俗不同，人际交往也会不同。社会习俗的差异，也会给人际交往，尤其不同民族、国家、地区之间的交往，带来一些影响。

2. 文化观念的影响

文化观念主要指文化价值观念的差异对人际交往的影响，它表明人对社会行为的评价态度，突出地表现为不同文化背景的人对社会的认知态度。

首先，交际主要是通过言语进行的，受教育程度的高低既影响着他对话语意义的理解，也制约着他对言语材料的选择与组合。

其次，如何区别好和坏、正确和错误、真善美和假恶丑，不同的文化价值观，其看法也不同。

3. 社会角色的影响

每个人在现实的交往中，都会受到自身所扮演的社会角色的影响。其社会角色主要由社会地位和职业身份等因素构成。

（1）社会地位的影响。在人际交往中，社会地位不同，交往沟通的语气也时有差异。另外，社会角色的不同也会影响家庭成员的交往，如父母不以平等的态度对待子女，就会令子女与父母产生隔阂，导致家庭中人际关系出现障碍。

（2）职业身份的影响。职业身份是指关系主体所从事工作的类别，即做什么工作和担任什么职务。在社会交往中，个体的职业身份往往对人际关系起着一定的影响和制约作用。作为交际主体，所从事职业的不同，就会有不同重点的人际交往对象。例如，教师的主要交往对象是学生，公务员的主要交往对象是同事，服务人员的主要交往对象是顾客等。可以说，职业类别与人际交往对象的这种关系，是职业类别对人际关系的第一制约和影响。就交际者不同的职业身份来看，它能满足不同交际对方的需要。因而，从事满足需要程度越高的人也越容易建立较深或较亲密的人际关系。

4. 社会资源的影响

社会资源主要是指交往主体在社会中的人际关系对其人际交往的影响。若交往主体的社会交往范围较大，善于广结良缘，拥有较丰厚的社会资源，则自然在人际交往中会感到轻松自如，并且左右逢源，这种状态也必然有利于人际关系的发展；反之，交往主体的交往面狭窄，社会资源较匮乏，便会对个体的人际关系造成一定的局限性。

三、增进人际沟通的原则与策略

（一）增进人际沟通的原则

1. 同理心原则

人际交往中，同理心是双方须遵守的核心准则。同理心既是一个心理学概念，又是一个道德准则，其含义与人们通常所说的"将心比心""设身处地"是一致的，都是强调应善于替他人着想，尽力去了解并重视他人的想法，这样才可能接受他人的感受和情感。在沟通中用同理心去对待对方，可以提高说服对方和化解冲突的能力，以便了解对方的立场和初衷，建立彼此的信任，进而求同存异、消除误解，促使沟通的有效进行。

2. 正确定位原则

沟通中的定位，主要包括沟通中的角色定位、沟通中核心问题的导向定位、事实导向定位。沟通中双方应处于平等地位，防止沟通是基于一方的身份、地位、职务进行的，如果沟通未能以共识为基础，则将是徒劳无益的。

3. 信息组织原则

所谓信息组织原则，是指沟通双方应在准备阶段掌握相关的真实、准确、具体的信息，使双方在信息交换的基础上，能了解彼此的真正需要和意图，从而找到最佳的平衡点，促使沟通的顺利进行。在与他人交流、沟通之前，一定要先将自己的思路厘清，避免说话混乱不清，做到言之有物、有理有据，如此方能真正引诱、感染、引导、说服对方。

4. 交流互动原则

所谓交流互动原则，是指在运用言语进行交流的过程中，应注重沟通主体及交往双方的反应。可以说，互动性是沟通的一条重要原则，它体现了沟通最显著的特点。在沟通过程中进行互动的具体要求是：参与沟通者应能及时做出承接、应对和反馈。如在言语交流中，接应对方的话语；在聆听时，做出适当的交流表情，使交流在互相衔接、彼此影响、相互感染中深入下去，从而实现交谈主体的沟通目的。

5. 换位思考原则

任何沟通都是有目的的，沟通双方都期望通过沟通实现自己的某种目标，因而，沟通双方若能清楚地了解对方的目标，在沟通中能转换角度替对方考虑，而在不损害自身利益的前提下，实现其所期望得到的，那么就能使沟通双方实现双赢。在沟通中力求说服他人，的确可以给自己带来满足感，然而沟通并非只包含"说服"二字。因为沟通双方之间无可避免地存在差异，所以在交流、沟通时，我们不能一味地说服对方，而应从对方视角看待问题，对其思路进行想象，对其感觉加以体会。

6. 双向沟通原则

双向沟通原则指的是，双方在交往过程中，应当积极、主动地交流、沟通，彼此之间有必要的了解。遵循这一沟通原则，就是要在交往过程中以"彼此理解"为前提。如果交往过程中缺乏彼此理解，那么将面临诸多困难。一直以来，双向沟通原则都被认为是交往艺术中最基本的原则之一。把握这一原则，关键是对双向沟通理论的核心即"人是需要理解的"有正确的认识。所谓理解，一般是指对交往对象的理解，其范围是很广泛的，包括理解交往对象的需求、兴趣、性格、职业、身份等。

若将双向沟通与单向沟通相比，则显然在效率方面有明显的不同。根据莱维特的研究，其有四点不同之处：①单向沟通不如双向沟通准确；②双向沟通能够增强接收者的自信心；③双向沟通中，由于接收者可以向信息源提出不同意见而使信息源常感到有心理压力；④双向沟通容易受到干扰，并缺少条理性。

（二）增进人际沟通的策略

为促使人与人之间的交流能够卓有成效地进行，我们不仅需要学习和了解沟通的相关知识，遵循沟通的一般原则，还需要掌握具体的、有效的沟通策略。

1．把握沟通中的关键点

（1）明确沟通目标。沟通的目标是沟通的灵魂，也是整个沟通计划及实施围绕的主题。一旦沟通的目标不明确，整个沟通过程就会南辕北辙。沟通目标应根据双方的沟通理解能力、态度转变、互动状况、意愿空间来确定。应当注意，在沟通过程中不可被其他事物所吸引，以及分散注意力而游离于目标之外。例如，双方在洽谈中，为活跃气氛可以"夸奖"对方，但如果对对方横加指责，则会严重影响双方关系，以致影响沟通目标的实现。

（2）了解沟通对象。在沟通过程中，人们往往容易将注意力集中在对沟通目标和沟通内容的把握上，而忽略了沟通另一方所做出的各种反应，这样的沟通必然是失败的。实际上，评价沟通效果的最终目标是接收信息一方的理解和接受程度，而不是信息传递一方表达的清晰程度。有时一个十分准确的表达方式，所带来的结果却是令对方感到茫然甚至误解。所以，在对方处于不能正确接收和理解信息的状况下，可考虑另觅时机。切记，不可迫不及待地表明自己的观点。所以，沟通者需要在沟通前对沟通对象有一个比较全面的了解，并在沟通的过程中，密切注视和观察对方的需要、动机、兴趣及情绪，应根据沟通对象的心理状态及现场反应，采用恰当的沟通策略。

（3）选择沟通手段。在沟通过程中，沟通手段涉及多个方面，相对来说，沟通手段是沟通中最复杂、最困难的要素。沟通手段采用得是否得当，关系到沟通能否有效地组织和实施，并取得成效。如何选择沟通手段，可考虑以下因素。

一是采用的沟通媒介。沟通媒介主要分为口头和书面两大形式。口头形式包括面对面交谈、播放录音、视频等；书面形式则可采用准备好的资料、备忘录及电子课件等。对于沟通媒介的选择，应根据实际情况而定。

二是信息的组织形式，即在沟通中使用的话语表达方式。从表述的逻辑性而言，可以采用归纳法或演绎法。归纳法立足具体事例，通过分析、解释，将一般性结论或主要观点得出；演绎法则立足主要观点、一般结论，说明、解释具体事例。

三是个体风格的呈现。个体风格主要从仪表（仪容、仪态、衣着）、言谈举止、风度等方面体现出来。一个人能否与周围的人进行有效沟通，与个人风格的呈现有很大关系。良好的风格能展现个人的魅力，自然会为沟通的成功起到正面影响和推动作用。

四是场合、时间的考虑。沟通场合是指沟通活动开展的空间范围及布局。沟通场合往往对人起着心理暗示的作用，从某种意义上说，它决定着人们对信息的解读方式，因而必须对沟通场合进行慎重考虑。许多擅长沟通的人，往往会选择某些特定场合作为交谈地点，以显示自己的特殊背景和身份。在选择沟通地点时，要对两点予以注意：一方面，要让沟通双方都能愉快、放松，感到十分自如；另一方面，应尽量减少环境的干扰。

此外，时间也是决定沟通效果的重要因素。应考虑到不同的时间段及对时间的分配，会给对方传达出不同的信息，因而时间的选择和安排应妥当、合理。

2. 掌握沟通中的有效策略

沟通策略，也即沟通手段及艺术，对沟通具有十分关键的作用，我们需要了解和掌握相关知识和技能。

（1）遵从对方的"言默之道"。在现实中，往往顺着交往对方的"言默之道"来沟通，能收到良好的效果。所谓"言默之道"，其"言"是指对方运用言语表达；"默"则是指对方保持沉默状态。通常人们有一个错觉，当和他人沟通、交流时，说得越多越好，还要多问问题，如此方能实现有效沟通，并自以为对对方十分了解。除此之外，还默认对方不回答、不说话就是一种默许。

在沟通过程中，往往是沟通客体掌握着"要不要听"和"要不要说"的主动权，因而，顺从沟通客体所关心的事情、所感兴趣的问题去沟通，则容易找到共同话语，并达到沟通的目的。因此，作为参与沟通的主体，应多给对方开口说话的机会，并鼓励对方发表自己的观点。其实，"默"也是一种沟通，用得恰当，则会收到"此时无声胜有声"的效果。总之，在沟通中应时刻让对方感到放松、自如，这样不仅能获得对方的尊重和信任，也能令交流有效地进行。

（2）心理或情感的有效诱导。人际沟通最基本的要诀之一，就是巧妙地诱导对方的心理或情感。譬如，运用言语沟通时，必须充分考虑到对方此时此刻的心理状况，这种考虑可以从两方面入手。首先，掌握良好的心理时机。一个人在心情愉快时，什么话都能听进去，若想恳求领导或批评教育别人时，则应注重选择时机。其次，在进行沟通交流的过程中，应根据对方的心理特征谨慎地选择和组织话语形式。

3. 善用沟通中的迂回战术

一般而言，实现沟通有两种途径：一种是直接沟通；另一种是迂回沟通。所谓迂回沟通，是指避免正面出击，采取迂回曲折的方式达到沟通的效果。在有些具体的沟通中，往往会遇到一些棘手的难题，使交流者不宜直接表达。面对此种情况不妨采用迂回战术，这也不失为达到沟通目的的有效手段。心理学研究表明，人人都有排他心理，特别是交往一方以强硬的姿态命令对方遵从其旨意时，说服对方应使用商量的语气、委婉的言辞，当对方心情放松时，再提出解决方案，这时容易达到沟通目的。

迁回沟通中，也可采用第三者传递信息的方式，通过传递信息者和接收信息者的关系，以及他们的表达技巧，促使信息有效地传递，以达到预期的沟通效果。总之，我们应善于运用迁回沟通方式。

四、职场人际关系交往与沟通

进入职场，需要有基本的职业技能。职场礼仪指的是人们在职业场所应该遵守的一系列礼仪规则。

（一）职场交往礼仪

1. 握手礼仪

（1）握手的顺序。握手的顺序通常注重"尊者决定"，即女性、老人伸出手后，男性、年轻人都能伸出手来回答。在职场生活中，必须积极握手。如果一个人想和很多人握手，那么顺序是：先年长的再年轻的，先是主人接着是客人，先是上司后是下属，先是女性后是男性。

（2）握手的方式。握手时，对方大约走了一步，上身微微前倾，两只脚站立，互相望着，伸出右手，四指并拢，虎口相交，拇指张开，握着对方的手。男性与女性握手时，通常只握对方的手指，不应握得太紧，时间控制在 3~5 秒内。

（3）行握手礼的禁忌。我们应该努力实现握手的合规性。行握手礼时需要注意以下方面。

一是握手时尽量不要把另一只手放在口袋里或拿着东西。

二是不要面无表情，或作长篇大论、点头哈腰，握手时要注意礼貌。

三是握手时不要只握住对方的指尖，正确的方法是握住整个手掌。

四是握手时不要拉对方的手，向上、向下、向左、向右推或摇动。

五是不要直接拒绝握手，即使有脏手或出汗的手，也要对对方说："对不起，我的手现在不方便。"以避免不必要的误解。

2. 称呼礼仪

人与人交往中使用的称谓和称呼，是用来指代某人或获得某人的注意，是表达人的不同想法的重要手段。在较为正式的场合里，不能使用的称呼有以下几种。

（1）无称呼。没有称呼就跟人去搭话、交谈，这种做法不尽如人意或者会引起误解，所以要忌讳。

（2）替代性称呼。替代性称呼就是用非常规的称呼代替正规性的称呼。

（3）容易引起误解。因为习俗、关系、文化渊源等的差异，一些容易引起误解的名字不应该使用。

总之，称呼是沟通的开始，沟通是第一位的。谨慎地使用名字，聪明地使用名字，恰当地使用名字，会给人留下好印象，有助于人际交往顺畅地进行。

3. 名片礼仪

名片是一个人身份的象征，已经成为人们社会活动的重要工具。因此，名片的传递、接受和保管也要注意社交礼仪。

（1）递名片。名片交换的顺序通常是"先客后主，先低后高"。与多人交换名片时，要按照位置的先后顺序进行，或者由近及远，依次进行，不要往前跳，以防对方误以为有一种厚重感。交付时，名片必须从正面交付给对方，并用双手交付。

（2）收名片。当接受一张名片时，应该站起来，微笑地看着对方。阅览名片时，可以读对方的名字，看对方的脸，给对方一种重要的满足感。如果没有名片，则应该向对方道歉。在对方离开之前，或者话题还没有说完，没有必要把对方的名片藏起来。

（3）存名片。不要拿别人的名片，也不要把它扔在桌子，或随便放在口袋里，或者把它扔在包里，而是应该放在西装左边的口袋里或名片夹里，以表示尊重。

（二）职场沟通礼仪

1. 信函礼仪

信函又被叫作书信，是人类最古老和最常见的交流方式。如今，在官方交流中，信函仍然是员工常用的有效形式和沟通方式之一。一般而言，单位及其员工在公务往来中使用的信函也称为公函。与普通信函相比，由于官方信函用于正式场合，通常对礼仪有更规范的要求。一般而言，公司员工在使用公函时，要注意修辞、表达清晰、内容完整、格式正确、行文简洁五大要点。要遵循礼貌、清晰、完整、正确、简洁等原则，在使用官方信函时，礼仪规则应主要用于信函、申请信函等的书写。此外，写电子信件时也应该注意礼仪规则。

（1）写作信函。写公函时要反复考虑信的内容和格式。应该认真对待以下问题。

第一，抬头。一般公函由三部分组成：标题、正文和结尾。一封公函的开头不能随便。标题的基本内容包括标题和引用，两者都要根据具体对象来适当处理。首先是标题术语要准确。写信时，必须称呼收信人的头衔。致电收件人时，应注意四点。①名字和标题必须正确。在任何官方信函中，不允许出现弄错收件人的姓名和头衔。称呼收件人，有时可以只叫他的姓，省略名字，但不应该直接称呼或没有名字。②允许直接发函的相关单位或部门作为标题中的标题条款。在很多情况下，标签是由相关单位或部门直接作为收件人授权的。③中性名词可以用来称呼接收者。当收件人的性别不清楚时，用不需要性别识别的中性名字称呼对方更安全，如总裁、经理、董事、首席代表等。④不要滥用称号。第一次给人写信时，不要滥用标题。在不清楚收件人性别的情况下，先生、小姐等字眼不宜使用。不要使用阁下、老板和相关人员这样的特殊头衔。有时有必要在标题前应用提称语。提称语就是提高称呼的词语。在官方信函中引用提称语是关键。一般而言，官方信函中最标准的提称语是受到尊重的。普通公函也可以不用提称语。社会场合使用的尊鉴、台鉴、钧鉴等古典语录，以及亲爱的等西式语，在国外场合使用的，一般不适合在普通公文中使用。

第二，正文。在官方信件中，正文是中心内容。写正文时，要注意主题清晰、有逻辑、表达清晰、简洁。在撰写正式信函时，应特别注意以下方面。

注意人称使用。在官方信件中，人称的使用十分严谨。如果想表达善意，则可以用第一人称；如果想表达官方和严肃的事务，则可以使用第三人称。

主要内容。一张标准公务卡的内容应该像一个倒金字塔，越重要的内容越应该放在前面。所以在正文开始的时候，要坦诚地说出收件人最应该知道的信息，以及收件人最想知道的信息。

把主要内容放在前面。一封又长又费时的公函会很无聊，所以写公函的时候要注意控制篇幅，力求简洁。总体而言，词汇短、句子短、段落短、篇幅短是写公函必须遵守的铁律。

语言容易理解。虽然官方信函使用书面语言，但是作者应该尽量使它们生动、活泼、礼貌和自然。

信息正确。必须确保公函传递的信息是正确的。这个要做到：避免书写错误，避免使用不正确的标点符号；避免滥用语言、典故和外语；不应该使用过于孤立的词语或容易产生歧义的例子。

文书干净整洁。一般而言，官方公函最好打印，而不是手写，这样可以保证纸张干净整洁。避免随意涂写和填充，即使需要手写，不要划掉线条或在网格外写，不要漏词，不要用汉语拼音替换原字。

避免泄露秘密。常见的公函不应在字里行间直接或间接涉及商业机密，这一点尤其重要。

第三，结尾。在公函中，最后一部分对写作的基本要求是全面而具体的。一般而言，公函的结尾由六个具体部分组成。①祝福。祝福是写作者对收信人的例行祝福，它的大部分内容是常规的，可以适当使用，但不能没有。②附问语。附问语指向收件人发送问候或代其问候收件人的周围人。可写可不写。③补述语，又叫作附言，是文字写完后需要补充的内容。一般公函最好不要加补述语。如果需要使用补述语，则要注意三点：单字不成行；单行不成页；字数不宜多。④署名。在正式信函中，签名必须写作者的全名。如果需要，还可以同时提及行政职能和学术职称。对于打印的信件，最好由署名人本人签名。⑤日期。签字后，必须注明信件的具体日期。郑重而言，机构的日期尽可能具体。至少指定一年中每月的哪一天，如有必要，则指定一年中每月的一天。⑥附件。在一些公函的末尾，往往会附上其他相关文件。附件必须始终附有公函，但信中必须注明具体页数、件数和姓名，以便收件人检查查阅。

第四，封文。通过邮件和快递发送的公函必须是书面的。写邮票的时候，不仅要认真，还要符合基本规范。

详细地址。为了确保收件人准时收到信，或者确保信在被退回时不会丢失，请仔细填写收件人和发件人的具体地址。不仅要写省、市、区、街、门牌号，还要写单位、部门。

正确的名字。在信封中，收件人和发件人的姓名必须拼写正确。单位和部门作为收件人时，还必须注明其正确的全称。

雅语。在官方信函的标题中，经常需要使用一些雅称雅语。它们都有一定的规则，不应该被滥用。具体包括以下几点。①邮差对收件人的称呼。它们写在收件人的名字后面，如女士、先生等。②开场白。开场白是礼貌用语，要求收件人打开信封的敬语，如启、收启、钧启等。通常写在收件人的名字后面。③封信词。封信词代表了寄信人在封信时尊敬的意思，如缄、谨缄等。缄封词必须写在寄件人的名字后面。邮编。通过邮件发送的正式信件必须正确地包括收货地址和运输地址的邮政编码。缺少邮政编码或邮政编码不正确的公函可能会被延误甚至丢失。

格式模式。密封书写通常有一定的格式。横信封有横信封的写法，竖信封有竖信封的写法；国内信件有国内信件的信封格式，国际信件有国际信件的信封格式。写公函印章时，要谨慎处理。

（2）应用信函。根据具体用途，应用信函可以分为联络函、通知函、确认函、感谢函、推荐函、拒绝函等。应用信函通常有不同的写作要求，在写不同类型的公函时，必须符合基本要求，并考虑其独特的特点。

一是联络函。联络函，也称为保持接触函，是一种特殊的信函，通常用于培养客户关系和维护客户联系。写联络函时通常有五点需要注意：①找一个合适的借口送信；②简单介绍一下自身的情况；③表达对对方的关心；④表现出合作意向，在联络函中，要简单介绍一下意图，以便与对方进行更多的交流与合作；⑤灵活支配情感。联络函不是直接的商务信函，所以扩展应该简短，语气应该友好，主题重联系。

二是通知函。通知函，又称为告知函，它主要用于向外界通报交易的具体情况或业务的具体进展。写通知函时，应该注意五点。①介绍客观情况；②注意引入的连续性；③告知自己的未来规划，在介绍客观情况时，还应该告知接受者自己采取的对策和行动；④促进相互合作；⑤表达委婉。必须努力避免语气过重、勉强、絮叨。

三是确认函。确认函是专门用来确认某事的信函，有更高的要求。写确认函时要注意五点：①明确相关的问题。该内容是提交的关键内容，因此必须多次检查以确保没有错误。②列出对应的附加条件。在给收件人的确认函中，必须明确规定被确认主体的所有具体条件。③宣布对此的基本立场。在确认函中，确认方必须重复承诺遵守协议，不得任意重复或改变主意。④要求收件人确认。可以再写一封信，也可以在这封信中附上意见。

四是感谢函。写感谢函通常应该注意四点。①内容简单。感谢函通常不需要冗长的讨论和没完没了的谈话。只要在信中明确表达感激之情，就只能写三五句话。②考虑周全。通常，感谢函中应该感谢的人不止一个，所以应该感谢所有应该感谢的人。③尽可能手写。为了表达真实感受，感谢函应该尽可能地亲自写，而不是打印出来。任何时候，一个当事人的亲笔信都会让人觉得很贴心。④尽快发。总的而言，感谢函的时效性很强。最好在事发后 24 小时内尽快发送。

五是推荐函。在求职中，一封强有力的推荐函通常有助于被推荐人被选中。写推荐函应该主要考虑四个方面。①介绍自己。推荐信的开头，写信人要简单描述一下自己的情况，稍微说明一下和被推荐人的关系。②评价推荐的人。这一部分是推荐函的主要内容，应该用来全面客观地介绍被推荐人的基本情况，同时被推荐人也要做好自己的评估。③感谢接收者。在推函信中，对收件人的问候和感谢是不可忽视的。这部分绝对不能缺少。④有背景材料。为了便于雇主及其负责对象更深入地了解被推荐人，个人参考资料如简历、证书等一般应附在推荐函之后。

六是拒绝函。在所有的公函中，拒绝函大概是最难写的，它的难点是，既要正视拒绝对方，又要保证不损害双方关系。写拒绝函一般而言，有四个注意事项：①立即做出决定。拒绝函讲究时效。如无特殊原因，应立即拒绝对方。拖来拖去往往会导致另一方产生其他想法。②具体描述。在拒绝函中，应明确拒绝的具体主体。③澄清原因。对于拒绝对方的具体原因，最好在拒绝函中仔细说明。④道歉。如有必要，拒绝函应对被拒绝者表示歉意。另外，也要邀请对方以后继续和自己保持联系。

2. 电邮礼仪

撰写电子邮件时，应该做到以下方面。

（1）明确主题。在大多数情况下，电子邮件只有一个主题，通常需要在开头提到，仔细归纳。

（2）语言要流畅。电子邮件应该易于阅读，语言应该流畅。尽量不要写异体字和生僻字。当引用资料和数据时，最好指明来源，以便收件人可以验证。

（3）言简意赅。网上的时间非常宝贵，所以电子邮件的内容应该尽可能简明扼要。

第三节　时间管理与情绪管理

一、时间管理

时间管理指的是运用一定的工具、方法、技巧及事先规划，有效而灵活地运用时间，最终完成组织或个人设定的目标。当一个人擅长对时间进行管理时，就能对工作方面的任何重大变革进行快速适应，对工作的先后顺序迅速而准确地重新确定。

（一）时间自我管理的内涵及意义

1. 时间自我管理的内涵

时间自我管理，从广义来说，包括对个人时间、他人时间、社会时间、历史时间的统筹、协调，使这一大网络有效、节约地运转，从而为社会更好地提供服务；从狭义来说，一般只指个人对时间的管理，即将个人有限的生命时间高效地利用，将无效的时间降到最低限度。

时间自我管理与自发时间管理有区别，时间自我管理是指人们具有强烈的自我时间意识，强调对时间进行高效、有序的管理与控制，特别重视对脑力劳动时间的量化分析与科学管理。大学生的时间自我管理是指大学生这一特殊青年群体，为对大学时间进行有效而充分的利用，以实现自身良好素质的培养、更多知识技能的掌握，从而计划、组织、控制自我时间的一系列活动行为。

2. 时间自我管理的意义

从本质来看，人属于一种时间的存在，一方面，人在时间中生存；另一方面，通过时间，人得以存在。生命的一维性取决于时间的一维性，虽然人和人有着不同的人生道路，然而却拥有一大共同点，那就是每个人都无法重复、逆转自己的生命历程，无法重新走一遍人生道路。对每个人来说，生命只有一次，生活无法重演，历史无法重写。正因如此，当时间从身边匆匆而过的时候，能否及时把握好时间，时间自我管理是至关重要的。

针对大学生的具体情况，大学生实施时间自我管理、开发时间自我管理技能的意义主要表现在如下方面。

（1）培养应变能力的需要。21 世纪社会瞬息万变，新事物、新问题、新观念层出不穷。想要适应现代生活，必须善于应变。现代大学教育目前也正处于巨大变革时期，教育的传统思维模式渐渐被打破，一种新的、自觉的学习机制将取代以往的学习方式，个人的知识结构也将向更广阔、更自主的组合方式发展，自由度更大，选择性更强。因此，大学生这一教育主体，应当拥有对事物变化进行果断把握的能力，能够牢牢抓住事物的发展方向与本质，在不断的变化中对自己的学习目标及时进行调整，制订新的学习计划与时间表，并付诸行动。

（2）实现自我调适的需要。对于大学生而言，当他们迈进大学校园的那一刻，就处于人生重要的转折点上，与中学相比，大学不但所要学习的内容多、所要掌握的信息量大，而且学习的方式大不一样，教师的培养方式从"家长式"转向"指导式"，即不再是手把手去教学生如何去做，而是指导学生掌握个人活动的各种技能。尽管大学许多活动都是以时间表的形式设定好的，如课外作业、课堂学习、课间活动、课外娱乐、实验、上、下课路途花费的时间等，但是这些错综复杂的时间有相当大的弹性，是可伸缩的。对于大学生而言，掌握时间自我管理技能并实施时间自我管理，有助于其快速适应大学学习与生活，有助于其有效度过大学求知阶段。

（3）抓住时机的需要。对未来有一个美好的追求，并不排斥对理想的追求，也不排斥那种矢志不渝的、不达目的誓不罢休的精神。然而，我们也要珍惜机遇、直面现实，把握眼前的机遇，找到自身与需要的结合点。从本质来看，对于个人而言，机遇是历史的时间之恩赐，虽然未能把握住机遇，也能实现预期目标，但势必会耗费更多的精力与时间。掌握时间管理技能、实施时间自我管理能帮助我们抓住机遇，尽可能不浪费时间，提高时间资源的利用效率。

（二）现代时间观念的确立

第一，守时观念。守时是时间自我管理最基本的观念，一个善于自我管理的人，首先必定是一个有时间观念的人。守时本身就表示了一种诚信、敬业、责任感强的素质，不懂得守时，就不懂得珍惜时间，不懂得尊重别人，就更不懂得充分地利用时间，就不会取得比常人更多、更出色的成就。

第二，效率观念。所谓效率，通常是"多"和"快"的概念，也可以说是"投入"和"产出"相比较的概念，当我们说一项任务完成得快，在同样时间内，工作做得多，或者以较少的"投入"得到较多的产出时，就被认为是效率高。无论是技术的发展，还是管理科学的研究，无一不是致力于提高效率。对于大学生来说，要进行时间自我管理，效率观念是至关重要的。

第三，有效性观念。有效性是指由各种行为产生的有效结果。大学生时间自我管理不仅要注重效率，更要注重有效性，否则会出现效率越高、效果越差的结果。

（三）时间自我管理的技能构成

遵循现代管理的基本原理，时间自我管理应由目标设立、计划、时间组织、控制、反馈及修正等技能构成。

1. 目标设立

时间目标设立是指着眼于将来，设立方向和效果，是为自己实现目标合理组织时间和管理时间提供方向的一种技能。没有方向和目标，所有的活动项目和取得的结果都可以说有效或无效，即缺少了衡量效果的标准。如果没有提前设置目标，那么再好的学习方法都是不起作用的。

（1）目标设置的分类。目标设置与目标实现的时间间隔相联系，按时间实现的长短来分类，可以分为长期目标、中期目标、短期目标；按照实施计划包括的范围大小，可以分为总体目标、阶段性目标、子目标；按照活动项目分类，可以分为综合素质目标、社会实践目标、身体保健目标、学习目标等。当然，这些项目还能被继续细分。

（2）目标设置的步骤。不管设置何种目标形式，都应按照下列步骤来进行。

首先，多问为什么。每个人的将来依赖于今天的计划和行为，对将来的考虑越具体、越清晰，那么目标的设定就越接近实际。

其次，设置总体目标，对总体目标分类。总体目标在某种程度上是和长期目标相对应的，但又不完全相同。总体目标包括较大的范围，是一系列目标的总体，既可以是长期目标的总体，也可以是中期、短期目标的总体，还可以是各个项目目标的总体。因此，它的最基本特征是它的可分解性。每个人的总体目标都是多极的，因此，要将若干个总体目标进行分类。

最后，将每类总体目标分解，逐步落实。每类总体目标都是相对于整个大学阶段将达到什么水平而设定的，这样，对于每学年来讲，每类总体目标就有了阶段性目标，将阶段性目标进一步分解成子目标，然后逐步落实子目标。反过来，每个子目标的落实就意味着阶段性目标已经实现，每个阶段性目标实现意味着总体目标的实现。

2. 计划

计划就是在事件尚未发生之前，为了取得好的实施效果，对应于个人任务对未来时间做出相对合理的分配。计划是为了实现系统目标，与时间自我管理系统目标相联系，它是合理、有效利用时间资源的有力保障。计划越全面、越周密，就越能接近实现或完全实现自我管理目标。它最大的优点和目的是节约时间。投入很少的时间资源在计划上将会节约更多的时间。虽然日常活动和学习是不断变化的，计划绝对精确是不可能的，但即使是因为掌握了计划的技能，每天能够节约 30 分钟，那么计划就是有效的。按照计划实施日常学习、生活、活动有助于减轻负担，轻松地去应对每天的任务。计划技能包含两个方面的内容：一方面，对实现总目标、子目标的各环节的活动进行合理的筹划；另一方面，将时间结构和各活动一一对应，列出时间计划表。

与目标相对应，按照时间自我管理过程长短来分类，分为长期计划、中期计划、短期计划、临时计划。按照范围来分类，分为总体计划、阶段性计划、子计划；按照计划的内容分又可以分为学习计划、身体保健计划、课外生活计划、阅读计划等。

（1）时间记录和跟踪。与计划的对象相反，时间记录和跟踪是对过去时间利用情况的分析。这一步骤的目的是帮助清晰地了解时间到底去了哪里。

每隔一定时间（一个星期、一个月、一学期、一学年等）就对过去时间的利用进行回顾，并做出记录表。应用时间跟踪记录表是相当直接的。在每一时间单元末的时候，记录在这一单元里做了什么。如果有特殊情况发生，则再做出备注。然后，将这一表格与计划相比，在以后做时间自我管理计划的时候吸取教训，以降低无计划的事务对计划表的影响程度。

时间记录表是制订计划的基础，首先要对记录表中的时间归类分析。例如，将活动内容分成休息、学习、课外活动、社会交往、图书阅读、吃饭、体育锻炼等。一星期后，将每类时间耗用量以周为单元计算出来，这样，便得到在每种生活领域各花费了多少时间。最后，如果发现与计划不同，则找出原因：因为计划制订不符合实际要求的，调整下一星期的计划；因为客观情况造成浪费的，以后尽量减少此类情况发生。

（2）列出过去未完成的任务表和未来任务表，并对任务进行分类。用整个时间段20%的时间给过去未完成的任务，剩余时间用来对将来任务进行计划。将任务按照重要性原则分类，可以分为重要、次重要、非重要和可以忽视事件。

（3）选择计划方式。对应于任务的轻重缓急，选择合理的计划方式是必要的。从大学生接触较多的时间单元划分来看，一般有日计划、周计划、月计划、学期计划、学年计划、三年（或四年）计划等。在这几种计划方式中，各有其利弊：如日计划容易制定和实施，但离总体目标可能太远，容易与总目标偏离；学期计划和学年计划比较容易把握目标，但计划制订时很难准确地确定每种任务具体应花费多少时间，实施起来比较困难。大学生活是相对独立的，而且不是一成不变的，一年级忙于基础课学习，二年级忙于专业课学习，三、四年级时间较为自由，自己支配度增大等。要适应这些变化，自我时间管理目标也应做出相应变化。这样，一种计划方式的单独应用就不能满足要求了。

周目标任务表和月计划表的结合恰恰能弥补单种计划方式的不足而起到切实可行的作用。大学生是以一周课表为基本时间单元进行管理的，因此与此相协调，以一周计划为基础制定短期目标，合并月计划表，就会使目标明确，活动具体，操作性增强。

3. 时间组织

时间的组织简单来说就是对时间进行合理安排，它以目标正确、计划得体为前提，是计划技能的进一步深入和进一步落实。在技能构成中处于承上启下的地位，如果没有对时间进行有效组织，则将直接影响到计划的实施和决策的控制，从而影响到整体目标的实现。

时间组织的总的原则就是节省时间，提高效率。例如，动脑筋的事与花费体力的事可以交叉进行，以调节身体的各部分功能，不使自己因长时间从事一种劳动而感到疲倦；能够归类的工作尽量归类，以避免重复劳动；有因果关系的工作必须编好顺序；可以同时进行的工作尽量同时进行等。计划中可用三个单元时间学习、一个单元时间锻炼身体、一个单元时间放松，那么并不是先集中三小时学习，再去完成其他工作，而是将它们有机结合起来，穿插进行，这样效率会有所提高。组织技能掌握得好，可以提高计划实施的效果。

4. 控制

控制就是时间自我管理个体在实施计划的过程中对自己的情感、行为、环境等各方面恰当地控制，从而保证计划顺利实施的一种技能。"今日事今日毕"的控制原则在时间管理的过程中起着十分重要的作用。计划如果仅仅成为计划，不经过控制就会成为心理压力甚至思想负担。只要能按照计划和组织的程序努力控制计划的执行过程，说做就做，就没有积压事件的烦恼。

同样地，在计划执行过程中，对自己情绪、情感的控制也是很重要的，如果仅仅是因为心情不好而忘掉自己的计划或推迟计划的完成，那么，计划的实现就会更多地带上人为色彩，实际上等于虚设。如果心情不好或心烦意乱，则可以在不影响计划的基础上将计划调整一下，重新对计划进行组织，如将休息时间或娱乐时间与学习时间调换一下。这样既不影响效果，又不影响计划的全面执行。

5. 反馈及修正

反馈是指时间自我管理者在实施计划过程中及时收集有关信息以确保计划合乎实际、有效地运行的一种技能。修正是指时间自我管理者利用反馈环节的信息，对计划及时调整或获得更有效的计划经验的技能。

反馈和修正是在计划执行的过程中，结合实际情况，了解到计划环节与实际的差距，反馈影响计划执行的信息，并不断修正时间计划表，使其更接近于客观实际，使计划取得更优效果的一种技能手段。两个技能相互关联、互相制约，为计划设立和计划执行提供信息和经验，是计划有效运行的保障和向更高一级循环的手段。时间管理的最终目的是实现预期的计划目标，并不是为了管理时间而管理时间。因此，反馈、修正这两个技能环节是必不可少的。它们主要反映了管理原则中的动态平衡原则和反馈控制原则。在管理时间的过程中要注意管理效果的信息反馈，以便随时调整管理的计划，使目标不断向高一级滚动、不断接近实际，达到优化。

（四）时间的优先管理技能开发

为了能顺利地利用计划、组织和控制等自我管理技能，对自我时间进行有效管理，还必须掌握一些特殊的管理技能和方法，其中最重要的就是优先管理的方法。

通常将优先管理称作第三代管理，这是在现代社会中十分流行的一类管理方法，这类管理方法所具有的特点就是十分讲究顺序观念，也就是说通常会根据所要办的事情的轻重缓急来设立目标，之后再按照所制定的目标逐步完成，对优先的时间和精力重新加以分配，以争取效率的最大化。从本质上来说，这虽然是一种进行时间优化的方法，但是对效率却又不是十分关注，这是因为过于强调效率只会产生相反的效果，如果时间要求得过紧，就会导致人们只关注于眼前的工作，而忽略了人与人之间的交往，同时也无法满足个人的需要。

优先管理的核心思想是：不被时间所牵绊，学会自我管理时间，完成自己制定的目标。除此之外，还要有自己的想法和目标，能够对自己的未来目标提出清晰的规划和想法，只有抓住时间的人才能够成功。做事情之前要学会轻重缓急，按照事情的重要程度来完成。要学会利用别人的时间，这在一定程度上也可以提升自己的时间利用效率。有效利用时间的基本步骤就是制定一个好的计划表。计划得体，往往会大大地提高工作效率。

优先管理的具体实施步骤及技能要求如下。

1. 按重要性和紧迫性对所有可能的活动进行分类

一般来说，我们所说的重要性所针对的对象都是我们所制定的目标。由此看来，凡是有利于后期实现目标的活动都具有一定的重要性，否则就是不重要的活动。例如，打篮球是重要还是不重要的活动。应该说它是重要的活动，因为打篮球是为了锻炼身体，有了好的身体才能更好地学习。但它不是很重要的，因为它与学习活动只是一种间接关系，或者说是一种辅助活动，或者说它是一种必要条件，但不是充分条件，有了好身体不一定就能获得很多知识。

紧迫的事情是迫在眉睫、必须马上解决的事情，它也许与目标无关或有关。根据事情的重要程度，可以将事情大致分为四类：①重要而紧迫的事情，如期末考试的复习和有期限的任务报告等；②重要但不紧迫的内容，如人际关系的建立、锻炼身体或没有完成期限的作业等；③不重要但紧迫的事情，如要打的电话、老师交代的任务和学校举办的要参加的活动等；④不重要且不紧迫的活动，如睡懒觉和玩游戏等。

（1）重要而又紧迫的活动。重要而又紧迫的活动对于大学生来说是很多的，要清晰地列出这些活动，必须清楚自己的目标系统。不同的目标，其包括的活动类型和范围是不一样的。如果希望毕业后找一个好工作、好职业，那么整个大学期间非常重要而又紧迫的是学会做事。所谓会做事就是具有从事某种工作的本领或某种职业的知识和技能。例如，当今信息时代，软件开发者是社会急需的人才，它是一个很诱人的职业，若想成为一位优秀的软件开发商，那么在大学期间、在毕业以前就要全心全意地学习软件开发商所需要的一切知识和技能。而在学会做事的过程中，还面对着一系列小范围的重要而又紧迫的事，如即将到来的考试，考试前的复习，有期限压力的计划，有期限压力的试验报告、作业等。

（2）重要但又不紧迫的活动，对于希望毕业后求得好职业的学生来说，学会做事是重要而紧迫的事，但是，事实上，学会做人也是一项很重要的事，尽管它相对于学会做事来说不是急切需要掌握的。学会做人就是学会处事的能力，包括培养自己良好的道德、法律意识习惯、良好的心理素质及人际关系。这类活动往往是很微妙的，比较容易被人们所忽略。更为明显的例子是期末考试问题，它对大学生来说是重要的，但是因为距离目标实现时间长，很多同学很少花时间去思考这个问题。因为它们不需要马上解决，所以往往被放到一边，直到考试前几天，重要不紧迫的考试变成了亟待需要亲自解决的事情，但这时才去处理就被动了。

（3）不重要但紧迫的活动，这类活动通常是应付不速之客，例如，回电话，执行老师交给的某些任务、家长交给的事情，参加学校举办的受欢迎的活动等，处理这类事情会使人进入偏离目标的误区。解决这类问题时要保持清醒，先想一想这个事件是否是重要事件，如果不去做它是否会有不好的结果，如果答案是肯定的，则要调整计划马上实施；如果答案是否定的，则可以取消或让其他人去办理。

（4）不重要而且不紧迫的活动，这类事情包括睡懒觉、看电视、玩游戏等。这类事情往往是因为好玩、不用动脑筋而使人忘记了它们是否是计划好的，是否是重要的。其实这类任务本身不重要又不紧迫，对计划目标又没有贡献，却只会导致目标不能按计划实现，对于这类事情要控制它们的发生机会。

2. 按有效性和效率将所有完成的活动分类

简单来说，有效性就是做正确的事，效率是用正确的方法做事。依据有效性和效率，可以将完成的活动分成四大类：认真地处理重要的事情、不认真地处理重要的事情、认真地处理不重要的事、不认真地处理不重要的事情。

（1）认真地处理重要的事情——有效果、高效率。有效果、高效率地做事意味着首先找出什么是重要的事情，然后反复地做它，直到圆满地完成它。例如，在大学期间，目标要求是各门功课达优，为此实施时间自我管理，制订出良好的各门功课的学习计划。最终每学期都评为三好学生，毕业时被评为优秀毕业生。那么可以说这样的学习是有效果和高效率的。

（2）认真地处理不重要的事情——无效果、高效率。当顺利地完成一件事后，人们都喜欢被别人称赞，这是因为它能满足我们的自尊心和虚荣心以及对自我能力的肯定。尽管很多情况下，这些事情并不重要，但当我们受到表扬时，反而会促使我们走向时间利用的误区，并使自己正确的目标无法实现。

（3）不认真地处理重要的事——有效果、低效率。很多同学都知道学习是重要的。因此，每天晚上学习到深夜，但第二天上课时无心听讲。对待重要的事情采取不正确的方式，虽然做这件事会是有效的，但效率低下。

（4）不认真地处理不重要的事——无效果、低效率。对于学生来说，凡是有利于学习目标实现的活动就是重要的，反之就是不重要的。对于不重要的活动，不必付出更多精神去思考效率问题。

（五）大学生时间自我管理的评价

时间自我管理评价所指的就是行动者按照自己的实际情况，再加上定性和定量的分析，对最终的时间管理效果进行综合评定。这一行为的目的就是希望通过评判的结果来使人们明白时间存在的价值，在不断实践的过程中去探寻时间资源的发展潜力，以通过对时间的输出方式、控制等行为的分析来使时间的消耗值达到最低。

时间自我管理评价是对成果的评价，而不是对活动的评价，也就是说，时间管理水平是从定量的时间消耗所获得的成果来评定。因此，时间管理的评价应遵循的原则如下。

第一，效率与有效性相统一的原则。只讲效率不讲效果，必然会导致时间严重的浪费，而只讲效果不讲效率同样也浪费时间。

第二，定量与定性相结合的原则。评价方法要尽可能量化，不能定量分析的也要做定性分析，并通过制定标准，规定好程序，使之标准化、程序化。

二、情绪管理

（一）不良情绪的管理

情绪无好坏之分，一般只划分为积极情绪、消极情绪。由情绪引发的行为则有好坏之分、行为的后果有好坏之分，所以说，情绪管理并非消灭情绪，也没有必要消灭，而是疏导情绪并合理化之后的信念与行为，这就是情绪管理的基本范畴。

情绪是人们对客观外界事物态度的体验，是人们的大脑对客观外界事物与主体需要之间关系的一种反映。外界事物符合主体需要时，就会引起积极的情绪体验，反之，就会引起消极的情绪体验。

对于情绪管理，人们普遍接受的观点是，情绪管理是个体有意识地觉察、表达、控制自我情绪的行为，从而达到个体身心适应良好的状态。

1. 化解"愤怒"

愤怒是一种不良的心理状态，人在发怒的时候，会排斥一切智慧和理性，产生过激行为，释放具有极端破坏性的负面能量，造成难以弥补的损失。在损害自身健康的同时，也会对他人造成精神或物质的伤害。愤怒是大学生常见的不良情绪之一，每一个同学都有想发怒的时候，应当学会理性地对待愤怒，化解发怒。

（1）改变理想化的认知方式习惯。"理想化"的认知方式习惯，是产生愤怒的根源之一。生活在大学校园里的学生，如果不想被愤怒的情绪所困扰，就应该改变理想化的认知方式习惯，多一点面对现实的理性思考和科学观察。在人们生活的社会，富裕与贫困共处；在校园，高雅和庸俗结盟。既有谈吐儒雅、风度翩翩，也有明争暗斗。无论对世界的审视，还是对社会的观察，包括对自己身边的人和事，都应该具有辩证的思维和科学的审视，不宜一味地理想化认知。

（2）设法控制愤怒。愤怒的冲动是人们在受到外界的强烈刺激后，言语和行为出现非理智化的一种心理状态。在学习和生活中，产生愤怒的情绪是正常的。但是，应当努力克制自己的愤怒，做到"定心""定气"，还可以通过运动等方式，进行必要的情绪疏导，避免愤怒的情绪变成发怒的现实。

（3）研究"怒气"。对自己的愤怒进行研究是非常必要的。有的同学经常发怒，是由于自身性格的原因；有的是因为身体上的原因，甚至是某种疾病，致使发怒的情绪很难控制。建议经常发怒的学生，记录自己每一次发怒的时间、地点、起因、事件的全过程，在自己冷静下来以后进行分析。在对记录的资料进行分析之后，可以找出规律性。在探明自己发怒的原因之后，便可以有意识地进行调整，疏导自己的怒气。

2. 排泄"焦虑"

焦虑是指内心感受压力、冲突与矛盾而紧张，致使心情不能放松、不能平衡的一种非健康心理状态。其外在表现为压抑、烦躁、不满、易怒、冲动、非理性等情绪。

我国大学生中有近半数的学生存在着不同程度的心理不适，其中焦虑情绪是发生率较高的。虽然社会的全面进步使社会成员的幸福感越来越高，但对于大学生群体而言，由于社会竞争的加剧，特别是就业等方面的压力的增大，患焦虑的人数有所增加。尽管适度的焦虑对大学生的学习和生活具有一定的积极意义，但持续严重的焦虑却会导致机体免疫机能降低、内分泌调节紊乱，从而损害健康。被焦虑所困的大学生，可能会抑郁自闭，应当引起我们的关注。

学习性焦虑和社交性焦虑是大学生焦虑的两个主要方面，其中又以社交性焦虑最为突出。社交性焦虑的排解，应当从日常的社交行为开始。

（1）对同学和老师要有基本的信任。经常怀疑别人的行为和态度背后动机的人，容易产生焦虑的情绪。只有对同学和老师具有基本的信任，才能消除人际关系的疑虑，使自己的情绪处于正常状态。

（2）不要企图取悦所有的人。企图取悦所有的人，是产生焦虑情绪的重要原因之一。生活的经验告诉我们，即使是具有高超社交能力的人，也不可能让所有的人都对他感兴趣。

3. 分解"孤独"

孤独是一种与大量不幸认知、社交能力不足、人际关系的无效以及由此产生的不满和焦虑有关的情绪状态。孤独是人处在某种陌生、封闭或特殊的环境中产生的一种孤单、寂寞、不愉快的情感。孤独是普遍存在的情绪体验，已成为现代人的通病。

学校应当为学生营造良好的学习环境，为学生提供有力的社会支持，因为大学生学习和生活的环境是学校，在孤独的应对方面，学校具有重要的影响。学校应当为学生构建和谐的校园人际环境，营造积极向上的宿舍文化。家长应当充分考虑子女的心理发展特点，营造和谐、民主的家庭氛围，平等地与子女进行交流，倾听他们的想法，理解他们的想法，做子女坚强的心理后盾。大学生个体应当加强人际交往，建立和完善和谐的社会支持系统，融入大学生活，与同学和老师建立起和谐的交往平台，减少诱发孤独的外部条件。

4. 克服"嫉妒"

嫉妒心理是一种常见的心理现象，但嫉妒心理必须控制在一定范围，不能任其泛滥。如果任其发酵，就会演化成一种恶劣的情绪，严重影响自身的学习、生活和健康。嫉妒的产生，在很大程度上，来源于个体自身对信心和能力的担忧。具有强烈的自信心和较强能力的人，一般不会担心别人超过自己，因而也不嫉妒他人的成功，还会对同学和同事的成就感到敬佩和兴奋，发出由衷的赞叹和祝福。对自身的能力和水平没有信心的人，因为担心别人的成就会使自己变得渺小，而自己又不具备同他人竞争的条件，因而只有嫉妒之心。克服和限制嫉妒心理，要养成优秀的习惯，以优秀者和胜利者的心态看待人和事。

（二）情绪管理的方法

第一，心理暗示法。心理暗示对人的情绪具有很大的影响，有时候能够影响到人的认识能力和判断能力。心理暗示包括积极的心理暗示和消极的心理暗示两种类型：积极的心理暗示带来的是正面的积极情绪；消极的心理暗示带来的是负面的消极情绪。应当学会积极的心理暗示，避免消极的心理暗示。对于常常遭受不良情绪困扰的人来说，更应当注重积极的心理暗示，培养乐观自信的积极情绪。

第二，注意转移法。注意转移法，就是把注意力从消极的情绪领域转移到积极的情绪领域。这是消除不良情绪的基本方法之一。当不良情绪长期困扰，久久不能摆脱时，可以通过目标的转移，寻找到一个新颖的刺激点和兴奋点，以抵消和冲淡原来的兴奋点，消除原来的不良感受。

第三，合理宣泄法。合理宣泄法也被称为认知疗法。人们要认识自己常有的不良情绪，并且善于发现自己这些不良的认知方式。培养一种好的自省习惯，不良情绪就会有所减少。大学生应当认识到，不良情绪不是来源于外界，而是由于自己的非理性信念。不良情绪之所以得不到缓解，是因为仍然保持过去非理性的信念。只有改变自己的非理性信念，才有可能消除不良情绪的困扰。

（三）健康情绪的养成

健康情绪的拥有，既有先天因素的促成，也有后天的修炼和养成。无论先天的因素如何，后天的养成都是必不可少的。

心态作为人的内心世界，主要有三个组成部分：态度、激情和信念。态度是心态的基础，特定对象的情感判断和价值取向，是人们比较稳定的一套思想方法、目的和主张，它一旦形成就很不容易改变。态度、知识、技巧是影响人们行为活动的三个重要因素。其中态度扮演着带动的角色，是决定人生成败的主要因素之一。一个人如果持有积极的态度，勇于进行积极的自我挑战和自我超越，就有可能成为卓越高效的人才。激情是态度处于爆发状态的表现，激情是生命的动力，人的行动就是靠激情推动的。没有激情的人，就会滋生惰性。积极的心态就是正确的心态，就是由"正面"特征组成的心态，其中包括信心、诚实、希望、乐观、勇气、进取、慷慨、容忍、机制、诚恳与丰富的常识等内容。

第四节　团队合作素养

一、团队与团队精神的解读

（一）团队

团队是由两个或两个以上、相互依赖、承诺共同的规则、具有共同愿望、愿意为共同的目标而努力的互补技能成员组成的群体，通过相互的沟通、信任、合作和承担责任，产生群体的协作效应，从而获得比个体成员绩效总和大得多的团队绩效。团队有以下重要的构成要素。

第一，目标。团队应该有一个既定的目标，为团队成员导航，知道要向何处去。假如没有目标，那么团队就没有存在的价值。可以把大目标分成小目标，具体分到各个团队成员身上，有效地向大众传播，让团队内外的成员都知道这些目标，以此激励所有的人为这些目标去努力。

第二，人。人是构成团队最核心的力量。不同的人通过分工来共同完成团队的目标，在人员选择方面要考虑人员的能力如何、技能是否互补、人员的经验如何。

第三，团队的定位。团队的定位包含两层意思：①团队的定位，团队在企业中处于什么位置，由谁选择和决定团队的成员，团队最终应对谁负责，团队采取什么方式激励下属；②个体的定位，作为成员在团队中扮演什么角色，是制订计划还是具体实施或评估。

第四，权限。团队中领导人的权力大小与团队的发展阶段相关，一般来说，团队越成熟，领导者所拥有的权力相应越小，在团队发展的初期阶段，领导权是相对比较集中的。

第五，计划。计划有两个层面的含义：①目标最终的实现，需要一系列具体的行动方案，可以把计划理解成目标的具体工作程序；②提前按计划进行可以保证团队工作的顺利进行。只有在计划的引导下，团队才会一步一步地贴近目标，从而最终实现目标。

在当今世界，不能指望个别人通晓所有的知识，甚至所有的问题。因此，企业需要让具有不同技能和经验的员工组成团队，让这些团队成员一起讨论如何解决问题，并作出决策。这些小组被赋予各种名称，如自我导向团队、自我管理团队、交叉功能团队等。

（二）团队精神

团队精神就是团队成员共同认可的一种集体意识，是显现团队所有成员的工作心理状态和士气，是团队成员共同价值观和理想信念的体现，是凝聚团队、推动团队发展的精神力量。通俗地讲，团队精神就是"人人为我、我为人人""团结互助、平等互爱"的精神。团队精神并不仅是群体的集合，还是拥有共同目标的集体创造出来的精神。

企业"共同的愿景"指的是一个企业必须有一个共同的目标，这个目标能够引导大家共同去追求和努力。每个团队成员的行为则是团队精神价值的源泉。在知识经济时代单凭个人的力量去实现社会价值是远远不够的，要善于借助群体的助力，将个人的心智潜能充分释放。团队力量会产生相乘的效果。一个人若能将团队精神内化为积极进取的主动意识，则将提升其内在的精神力量与人格魅力，并能赢得更多的朋友与理解，极大拓展个人职业发展的空间。

1. 团队精神的基础——挥洒个性

团队创造团队业绩。团队业绩从根本上说，首先来自团队成员个人的成果，其次来自集体成果。团队所依赖的是个体成员的共同贡献而得到的实实在在的集体成果，这里恰恰不要求团队成员都牺牲自我去完成同一件事情，而要求团队成员都发挥自我去做好一件事情。也就是说，团队最不可忽视团队高效率的培养、团队精神的形成，其基础是尊重个人的兴趣和成就，设置不同的岗位，选拔不同的人才，给予不同的待遇、培养和肯定，让每一个成员都拥有特长，都表现特长。

2. 团队精神的核心——协同合作

团队的一大特色是团队成员在才能上是互补的，共同完成目标任务的保证就在于发挥每个人的特长，并注重流程，使之产生协同效应。

3. 团队精神的最高境界——凝聚力

全体成员的向心力、凝聚力是从松散的个人集合走向团队最重要的标志。在这里，有着一个共同的目标并鼓励所有成员为之奋斗固然是重要的，但是，向心力、凝聚力来自团队成员自觉的内心动力，来自团队成员共识的价值观。

二、高效团队的特征

第一，清晰的共同目标。一个高效团队，首先要有明确的共同目标，这是保持团队内部平衡、迅速稳定前行的基础。任何决策和手段，以及团队中的个人，都要紧紧围绕这个共同目标而行动。一个无明确方向和领导的团队，极易崩溃于内耗之中。清晰的目标能够使个体所关注的重心得以明确。在团队中，成员们共同为一个目标所努力，他们明白团队想要自己做什么，同时知道成员之间应当怎样协作，进而更好地实现目标。团队的共同目标使团队之间产生了一种必然的竞争状态。也正是这种竞争状态，使得团队之间形成壁垒，并强化团队成员的内部认同与协作。

第二，成员的相关技能。成员强有力的工作能力是团队高效性的重要保障。团队成员应当具备实现目标所需的技能，以及成员间良好的协作能力。成员之间有一些技能高度互补，这样可以促使任务更好达成。就犹如一个交响乐团，每个人各司其职，最终的结果便是一曲美妙的音乐。

第三，成员间相互信任。高效团队所具有的最明显特征就是成员之间能够互相信任，换言之，每个成员都信任同事的能力和品格。

第四，团队内部的承诺。高效团队中的成员具有较强的团队归属感，忠诚于团队，并甘愿为团队奉献，并能够彼此亲近。而且人生许多美好的时光，正是在团队中度过的。那些能够带来美好时光的团队，一定是具有较好内部承诺的团队。

第五，内部良好的沟通。团队成员之间以他们可以清晰理解的方式传递信息，这些信息包括语言与非语言的信息，这些沟通还表现为成员之间积极地反馈互动。

第六，成员的谈判技能。作为一个团队整体，内部分工经常并非如岗位职责般清晰。因此，需要团队成员之间达成一种比较默契的分工，为此需要成员具有谈判互动技能，以达成任务的合理分工。

第七，团队恰当的领导。强有力的领导者可以为团队增添凝聚力。

第八，内外部适当支持。团队绩效的达成，需要获得来自外部的支持。这里的外部包括团队所在组织、所在集团；内部的支持则表现为一套合乎团队特征的管理规范、评估和激励体系，从而使团队成员达成自组织状态。

三、团队精神的培育

简单而言，团队精神就是协作精神、服务精神及大局意识三者的集中体现。团队精神在价值观或奋斗目标上是统一的，同时需要统一的文化理念，并在相互信赖、适当的协调与引导下进行。团队精神突出的是成员之间协作的态度，成员认同团队目标，并愿意贡献自己的力量。团队精神带有个性化的因素，但也是可以在团队中加以磨炼调整的。在团队中，对人的团队精神的改变最有力的就是团队成员之间彼此的信任感。团队内部的信任气氛受到管理人员行为及组织文化的影响。提升成员的自主性与参与性，以及组织内部协作、开放、诚信的精神有利于诚信的工作环境的形成。

（一）培养团队信任

团队规范可以通过讨论与会议的方式形成，但规范变成习惯，并促使团队成员之间产生信任却还需要一个发展的过程。信任有一个连续的发展过程，信任不断发展到更高阶段时，团队内部信任会表现出一些强的韧性。此时，信任程度加深，偶尔的信任破坏也很容易修复。就发展的阶段而言，在团队中建立起认同型信任，团队关系会非常牢固。团队成员之间彼此信任，也相信团队整体的决定。这时，给团队成员安排合适的角色，成员就容易接受并胜任。

（二）培养大局意识

大局意识就是把自己的利益需求与团队利益目标放在一起考虑的意识。因为在团队中，每个人的价值判定最终是以团队成果为大前提的。因此，自身利益的达成，需要在团队利益达成的基础上才可能实现。以这样的思考方式实践，就需要在个人利益与团队利益有冲突时，对个人利益做出适当让渡。

（三）培养协作精神

需要用心维护团队的三种关系：成员之间的关系、团队与成员间的关系、团队与客户间的关系。如果团队成员能够站在对方的位置上思考，争取理解对方，那么他其实就是在用自己的行动向对方证明彼此的关心。这种换位思考，就是协作精神的内核。如果团队成员都能够认识自己的情绪，并进行换位思考，那么就可以使团队有一种协作的精神状态。因为换位思考其实体现的就是一种彼此的尊重。每个人都希望被尊重，而且受到尊重会使人有更强的自信心，有更稳固的团队成员关系。

（四）培养服务精神

团队内的服务精神，其实就是一种大客户中心观念。因为在团队中，成员之间彼此协作，这时协作方都是彼此的客户，需要从对方的需求出发，最大限度地满足"客户"需求。所以，服务精神的本质就是一种客户中心意识，随时反思自己的"客户"价值实现状态。只有团队内部有这种深入的彼此服务精神，才有可能使团队呈现出一种有效的客户服务风格。身在团队中的个人，需要不断强化、主动培养自己的团队精神。

第四章 大学生就业素质的引导教育

第一节 大学生自我认知与职业选择

职业选择是人生选择的关键点之一，直接关系到事业的顺利发展。几乎所有成功人士都有一个共同的特征：不管他们的智力和智力水平如何，不管他们从事的行业和职位如何，他们都在做自己最擅长的事情。显然，职业选择是职业发展的关键一步。如何选择自己的职业，只有通过自我探索来了解内在需求和想要寻求的，个人生命力才能得到体现。

一、大学生性格特征与职业选择

性格是人格心理学的重要组成部分，是指人们对现实较稳定态度和相应的习惯性行为。在西方，性格也被叫作"人格"，它是基于天生的气质，在后天社会生活的影响下，在漫长的过程中逐渐形成的。其中，后天的道德教育和文化教育起着最重要的作用。个性和气质是不同的，个性有社会评价的含义，有好坏之分。性格一旦形成，就会深深地融化每个人的性格，深刻地影响人们的生活，性格决定命运。

一个人的性格往往会习惯于表面，现在他的言行反映在他的生活中。例如，有些人诚实、正直、谦逊；有些人活泼、积极、善于沟通；有些人孤僻、悲观。在人际交往中，他们表现为内向和外向；就情感特征而言，有些稳定，有些容易激动；就意志表现而言，有决断、勇敢的，也有犹豫不决的。个体之间的差异除了身体的外貌和大小外，主要体现在性格特征上。性格反映了人们的生活，同时也影响着人们的行为。了解自己的性格和变化规律不仅会帮助选择工作，还会帮助开创自己的事业，建立自己的事业。因此，在选择职业时，应该分析自己的性格特征。

性格包含着十分丰富的特征，关于性格的理论也很多，一般可分为特质说与类型说两大类型。如内倾型、外倾型的分类方法，可在职业选择中加以借鉴。当然，在实际生活中，几乎没有人是绝对的内向或外向性格，绝大多数人都是兼有两种倾向的中间型。在选择职业时需要考虑个人性格，选择适合个人性格特征的职业和工作。通常情况下，性格外向的人更适合从事的工作往往是与外界广泛接触，能够充分发挥自身的自信和开朗性格的。在现实生活中，许多人属于典型性格，也有许多人属于综合或混合型性格，需要对自己做出具体分析和恰当评价。

二、大学生兴趣能力与职业选择

（一）大学生兴趣与职业选择

兴趣是一种心理活动，是指对事物特殊的认识倾向。当兴趣发展成为爱好时，便会影响人们能力的发挥，是人们一项稳定且长久的行为倾向。兴趣是一个人事业活动走向成功的基础，是其创造力发展和发挥的重要心理推动力之一，是激发人们创造力的内部动机，促使潜能的充分发挥，提高想象力、创造性和感知力，进而使得事业成功的概率得到大幅度的提升。同时，兴趣能激发个体强烈的创造热情，增强克服困难的信心和决心。

兴趣属于一种精神的力量，能够促使人们创造性的进行工作，并集中精力地去获得知识。当对一件事情或事物产生兴趣时，人们整个身心的积极性就会得到充分的调动；就能够使想象力和情绪得到提升；就能够积极地观察、感知事物和思考问题、探索事物；就能够提高记忆的效果和克服困难的意志。相反，如果一个人对所做的事情没有兴趣，其聪明才智就不能得到充分的发挥。举凡古今中外著名的科学家、艺术家、文艺家，以及社会各个领域的成功者，他们为人类能够做出巨大贡献的前提，就在于他们的内在智慧潜力因创造兴趣被充分地调动和激发，而且被运用于他们热衷的事业，从而推动他们不懈地努力，才取得了成功。

兴趣可提高人的工作效率。当一个人对工作产生兴趣时，枯燥无味的工作会因此变得丰富多彩。兴趣强大的作用表现在，它将工作的负担转化为是一种享受。兴趣能够激发人们全部的精力，让人们以丰富的想象力、集中的注意力、敏锐的观察力和积极深刻的思维进行工作，进而大大提高工作的效率。研究发现，对工作充满兴趣的人，能够长时间在工作中保持积极的状态而不感到疲惫，同时能将自身 80%~90% 的才能发挥出来。但对工作缺乏兴趣甚至没有兴趣时，在工作中非常容易感到疲惫，只能将 20%~30% 的才能发挥出来。兴趣的多样化能够提高人们适应环境的能力，如当需要换工作时，人们能够快速地适应新的工作环境。对工作感兴趣会激发人们的钻研的能力，这样就会在事业上有所成就。这便是兴趣的作用所在。当对一种职业感兴趣时，就说明对这项职业的活动是认可的和肯定的，就会积极的探索和思考。

（二）大学生能力与职业选择

1. 能力与职业能力

能力是人们成功完成一件事的必要条件，也是人们顺利完成事情必须具备的心理特征。职业能力是个人选择职业和获得职业生涯成功的基础。能力分为两种：一般能力和特殊能力。思维能力、记忆能力、观察能力、想象能力和语言能力等是常见的一般能力。特殊能力是指顺利完成某种特殊活动需要具备的能力，也可称为特长，它同职业活动紧密相连。特殊能力既能反映人们从事职业活动时的实际工作能力水平，如会计能力、管理能力，又能反映人们具有的某种职业能力倾向（"能力性向"）。这种潜在的职业能力倾向对相关职业能力的形成与发展具有一定的促进用。能力的性向测量对于职业选择有着重要的意义。

2. 能力与职业匹配

人的能力差异是客观存在的，这种差异在很大程度上制约着人们的职业选择范围，并影响人们的职业活动。在通常的情况下，人的能力的个体差异表现在能力类型、发展水平和发展速度三个方面。能力的类型差异，主要指人具有的特殊能力的类型各不相同，如有的人语言能力较强、有的人计算能力较强、有的人艺术想象力丰富，等等。能力的发展水平差异，主要表现在人们能力的发展水平有着高低强弱的区别。能力的发展速度差异，主要指具有同一能力和达到同一发展水平的人在发展的速度上时间的早晚差异。

在进行职业的选择时要尽量注意能力与职业的匹配，并坚持以下五个原则。

（1）能力的类型与职业类型相吻合。在择业中要注意能力类型与职业类型的匹配。如具有较强形象思维和语言表现能力的人选择从事文学艺术方面的工作，具有较强抽象思维能力和计算能力的人选择哲学、数学等理论性工作，这样容易获得职业的成功。

（2）能力的发展水平与职业层次相吻合。在相同的职业类型中，工作的具体内容和所承担的责任是有差异的，这就可将职业分为不同的层次。例如，在教师这一职业类型中，教不同年龄阶段学生的教师，对教师的能力要求不同。因此，在择业时，在考虑能力类型与职业类型的匹配后，就应该根据自己已达到或可能达到的能力水平去选择与之相匹配的职务层次。如自己的书面语言表达能力还难以完成文学创作任务，不妨先选择去新闻单位当一名普通记者，这样的职业匹配更利于职业生涯的发展。

（3）一般能力与职业相吻合。某些职业对从业者的一般能力特别是智力有着绝对的要求，如律师、工程师、科学家、教授、作家等职业都要求有相当高的智商。因此，在准备将这些职业作为个体终身发展和追求的职业生涯目标时，一定要充分考虑自己的智商状况。智商低于平均值者，就要考虑选择从事较为简单的对智力要求不太高的职业。当然，智力并不是职业选择匹配的唯一因素，人的某些潜在的因素、特殊的能力和非智力个性特征似乎在人的职业的发展中更为重要；特别是当个体能力增长速度暂时放缓，某些潜在的因素就能够成为正确认识和判断自我、判断职业是否匹配的参考依据。

（4）人的特长与职业相吻合。作为职业能力范畴的特长（可称特殊能力），也是实现能力与职业匹配需要考虑的重要内容。由于社会职业种类的丰富性，很多职业除了要求从业人员具有一般能力外，还要具有从事该项工作所要求的特殊能力。在进行职业抉择前，一定要考虑清楚自己是否具有从事这一职业所需要的能力及天赋（条件）。

（5）扬长避短，充分发挥自己的优势能力。人的能力的差异性的另一个特点是个体身上的各种能力发展的不平衡性，即有些能力一般、有些能力突出。我们将个体发展得较好的能力称之为优势能力。

事实上，一个人不可能在各方面都表现出很强的能力。因此在进行职业选择时要扬长避短，深入且充分地了解自己的优势所在，并选择与自己优势相匹配的职业，这样才能在工作中游刃有余。另外，在选择职业时还要善于发现自己存在的潜能。当然，人的很多能力是在学习和工作中逐步发展和成熟起来的，当还不能清楚地洞察自己的能力优势时，也不必失去信心，因为人的某些职业潜能只有在特定的职业活动中才能得以发展和逐步强化，并最终成为自己的优势能力。某些表面上并不显著的能力倒很可能是人潜在的优势能力。

从心理学角度而言，人只要显现以下一种或几种能力，则可能成为一个成功人物：①对数字敏感、有逻辑推理才能、能解答艰深复杂的数学问题的人，有可能成为有成就的科学家；②有较高的语言表达能力的人，有可能成为演讲家或作家；③对空间或色彩特别敏感的人，有可能成为出色的建筑师或画家；④对别人的性格具有较强的洞察能力的人，有可能成为团队领袖或外交家；⑤自我感觉良好并能淋漓尽致地表达自我的人，有可能成为一名杰出的表演艺术家；⑥对声音敏感、具有较强的音高概念、擅长用声音来表达情感的人，有可能成为一名优秀的音乐家。懂得控制肌肉和身体活动的人，有可能成为一名优秀的体操运动员或舞蹈艺术家。

三、大学生价值取向与职业选择

价值观是一种独特而持久的信念，它构成了对客观事物的意义、作用、影响和重要性及其行为结果以及影响个人决策和行为的标准和规范的总体评估。一个人的态度和行为有明确的意图，自我意识和坚定的职业选择是他的职业价值观。理想、信仰和世界观对职业的影响集中在职业价值观上。

职业价值观在职业目标和动机选择中起着决定性的作用。由于家庭环境、教育、兴趣和爱好的影响，不同个体的价值观不同，因此对职业的评价和取向也会不同。例如，一些人喜欢这个职业来处理别人，一些人喜欢这个职业来处理事情，一些人喜欢使用智力职业，一些人喜欢安全和稳定的职业，其他人喜欢挑战性的职业。不同的人喜欢不同的职业，这是职业价值观的体现。价值观的讨论有助于人们在选择职业时有一个清晰的方向。

价值观决定了哪些对个人而言最重要，什么对个人而言不重要；这对个人是有意义和有价值的。如果价值观与工作一致，就会感到非常快乐，非常有成就感；如果不匹配，可能就会感到无助和痛苦。虽然有些人可能很少参与与他们价值观不匹配的工作，但他们失去了情感、精神。职业价值观决定了战斗的方向。

由于价值观的不同，每个人对自己职业的价值、意义和重要性都有不同的看法，获得的职业乐趣也不同。只有认识到选择的职业是有价值的，才会更热爱自己的职业，并因此创造一个好的业绩；否则，事业就是艰苦的工作。因此，了解自身的价值趋势对于做出正确的职业选择非常重要。

四、大学生职业认知与职业决策

要提高大学生的职业素养，前提是要明确职业方向。只有满足现实和社会需求，有利于人格发展的专业方向，才能引导大学生专业素养的发展。让大学生在职业发展中"做正确的事情"，是职业素质培养的方向问题。具体科学合理的行动计划是在职业生涯指导下确保"做正确的事情"。虽然大学生在职业发展过程中有机会重新关注职业方向，但这毕竟是一种无奈的行为，客观上可能会延长职业测试过程，导致大学毕业生换工作过于频繁，很快进入职业稳定期，同时也浪费了大学生进行的职业素质培训。由此可见，选择正确的职业方向和合理的职业决策有助于大学生职业素养和生涯的发展。

然而，进行正确合理的职业决策，不仅需要自我评估，更重要的是要充分了解自身的兴趣、能力、优势、局限性和学术成就等特征，还要开展与自身条件相符合的每一个职业所必备的知识和研究，并对职业环境进行评估和分析，进而对职业有一个详细的了解；在这样的基础之上，个人因素得到了平衡，并能够与职业因素相对应，进而及时合理地调整自身的就业期望，适应职业的发展，最终形成正确合理的职业决策，并作出自己的职业选择。因此，不仅要充分考虑大学生的主观条件和特点，还要考虑就业和专业发展的客观环境条件，让大学生找到一个相对现实合理的理想职业。由此可见，自我意识和职业认知是职业决策的两个重要基础。

（一）职业认知

职业的选择非常重要，大学生必须要对职业有一个充分的认识。但由于大学生大都是从学校到学校，没有进行过社会实践活动，缺乏对社会环境、职业发展、职业要求的了解，尤其缺乏相应的工作锻炼，因而相对于自我认知而言，大学生的职业认知水平更低。

在现实生活中，大多数学生都没有对有关职业信息进行系统性的了解和分析，只是根据一些片面的了解，凭感觉选择职业。例如，人们可能只看到演员们在台上的风光，而不了解其舞台下付出的努力，以及成名前的艰辛。而且，解决职业认知中的问题要遇到的障碍也更多、更大，因为它并不仅取决于学校和学生本人的努力，还会受到种种外部因素的制约。

简单而言，职业认知是指对自己可能选择的相关职业及其影响因素的认识与了解。大学生可以通过各种直接与间接的渠道，对有关职业情况进行了解、分析和评价，从而获得对职业的系统性认知。"职业认知"既可以是一个名词，也可以作为一个动词，因为获得这一认识的过程也称为职业认知。

职业认知需掌握的信息很多，包括职业的性质、特点、分类、任务、工作环境、收入状况、发展前景、职业声望、社会人才供求和相关组织状况，职业的素质要求、最低资格要求（诸如学历要求、所需的专业训练、身体要求、年龄、各种能力及其他心理特点的要求）或职业的胜任特征模型，影响职业发展成功与失败的因素；有时还要了解为准备就业需要接受哪些教育与培训，提供这种训练的教育机构、学习年限、入学资格、费用以及怎样对自己的胜任情况进行评估等。

职业认知要求人们在"知己"的基础上"知彼"，这对大学生认识到自己需要在哪方面提升职业素养以及自己能否胜任某种职业，明确自己与职业素质要求之间的差距起到一定的作用。职业认知有利于大学生把握职业发展的机会，防止大学生陷入生活和事业发展的困境。

大学生在进行职业认知时，不要将自己职业选择的范围局限得太狭窄，应当拓宽自己的眼界，应对各种在进行初步职业认知时感到合适的职业类别都进一步加深了解，以便做出正确的选择。

（二）职业决策的参考

在大学生在职业探索的过程中，应充分认识其对个人未来职业发展的意义。进行职业探索时，应主动、充分地认识和了解自我，积极开展校内外职业实践活动，多收集和分析评估职业信息、适当尝试职业测验。要深刻了解相关职业信息有一定困难，并借助各种渠道和手段来获取与择业相关的信息。其主要途径有以下方面。

1. 新闻传播媒体

电视、电台、报纸、杂志是大学生得到择业信息的有效途径，其涉及范围广、传播速度快、信息全面且及时。新闻媒体也由此成为当代大学生获得择业信息的重要来源。报纸、杂志、广播电台开办的人才专栏有时会发布关于社会职业情况（如职业薪酬、声望、需求、流动性等）的调查报告或较为全面深入的分析文章，尤其是一些招聘广告能够反映不少职位需求的信息。

2. 校内就业主管部门

当今社会，就业形式极为严峻，每个高校都设有专门的就业服务和管理部门，如就业工作处或办公室、职业生涯辅导中心等。学校就业机构发布的信息的可信度、权威性与准确性非常高，同时发布信息及时，职位与学生所学专业具有很强的对应性，因而成功率也是比较高的。尤其是院系一级的学生就业指导机构，熟悉与专业相关的各种职业的一般情况，更重要的是与很多已毕业的校友有直接的联系，与一些相关企事业单位的成功人士也会有一些联系，可以通过这些人士了解职业发展情况。

3. 计算机网络

利用互联网来获取就业信息是如今最为便利、高效的方式。随着时代的发展，信息化运作和人才市场化进行逐渐加快，各种信息在网络上的普及性大大提高，在互联网进行求职与招聘已经成为当代的一种流行趋势。同时，全国所有省、市和高校都建立了就业信息网站，学生们可以通过网站来获取职业信息。

4. 家人、朋友和其他社会关系

一个人所接触的信息范围是有限的，扩大自己的社交范围也是广泛获取职业信息的有效途径之一。家人、朋友和其他社会关系是与我们联系最为紧密的社交范围。这些人位于社会的各个战线和领域，他们所获取的社会需求信息具有更强的针对性，信息量、效率和可信度可得到了更大的提升。有的大学生还要依靠亲朋好友来推荐工作，亲友对有关职业信息的介绍就会更有针对性与实用性。大学生应当积极主动地去了解这些信息，尤其是有关职业素质要求方面的内容。

5. 社会实习、实践活动

亲身体验是了解有关职业情况的最佳途径。但这种途径却不是那么容易获得的，因为实习机会的取得往往也是一种双向选择的过程，多数企业不愿意也无义务承担对大学生的培养工作，更关注现有的能力。没有工作经验的大学生自然就很难得到满意的工作岗位。进入与自己职业意向相关的企业从事哪怕是基层工作，认真观察、体会职业情况，这样的机会也是很宝贵的。

所以大学生在寒暑假的社会实践、毕业实习时应当尽可能地选择符合自己职业方向的工作。这在生产、管理或社会服务中能够直接运用自己所学的知识，还能够直接了解到用人单位的招聘情况和对职业素养的要求。不少高校在大二、大三的教学计划中安排有认知实习、生产实习活动，所涉及的单位一般都是专业对口单位，可以从中获取一些较为系统的职业信息。大学生要充分利用这些机会，在实习和职业实践中发现自己的差距，且有意识地利用学校的学习条件加以弥补，提高自己的职业素养。

另外，像毕业实习这类活动也给了用人单位考察、了解毕业生的机会。如果单位有意进入而又积极主动，就容易实现双向选择。实际上，每年毕业生通过这种渠道就业的也不少。

6. 职业介绍机构、毕业生就业市场

一般情况下，毕业生就业市场的信息是准确的，同时还具有专业对口性强、信息量大的特点；求职人员还能够在就业市场上直接与用人单位商谈，进而获得彼此之间的了解。

第二节　大学生职业素养的提升

一、职业素养及其特征

职业素养指劳动者经过长时间的学习积累，在自己的职业生涯中发挥自己的社会价值，职业素养是一种劳动者适应社会职业的综合体现。职业素养包含专业素养、职业道德、职业技能等。大学生职业素养的培养应该着眼于整体，并以培养显性的职业素养为基础，重点培养隐性职业素养。

职业素养具有以下特征。

第一，职业性。不同的职业，对职业素养的要求有所不同，具体表现也不同。如对建筑工人的职业素养要求肯定不同于对护士职业素养的要求，教师的职业素养表现也不同于医生的职业素养表现。

第二，稳定性。一个人的职业素养是在长期职业活动中日积月累形成的，会保持相对的稳定性。例如，一名教师，经过多年的教学实践，逐渐形成相对稳定的教师职业素养，这种职业素养还会随着其继续学习、工作和环境的影响而继续提升。

第三，内在性。在长期的职业生涯中，职业人士通过自己的学习、认知及实践，形成自己的价值判断标准，自主判断事物的对错。这种自我内化、沉淀和升华的意识形态形成了职业素养的内在性。职业人士在做人做事、与人交往之中，自然而然让别人感受到的职业特征也是职业素养的体现。我们经常听说，把这件事交给某人去做很放心，就是因为其内在职业素养好。

第四，整体性。整体性即职业人士的知识、能力和其他个性品质在职业活动中的全面表现。我们说某人职业素养好，不仅指其职业道德、专业素养好，还包括职业技能、职业素质好。

第五，发展性。一个人的职业素养是通过教育、自身社会实践和社会影响逐步形成的，随着社会的发展对从业者素养的要求越来越高。为了更好地适应社会，满足时代发展和科技进步的需要，职业人士须不断地提高自己的职业素养。

二、提升知识结构与思维方式

（一）合理的知识结构

现代社会对求职者的知识要求是：拥有较高的知识水平，并能根据社会的发展和所选择职业的具体要求，科学组合自己的知识，形成合理的知识结构。

1. 合理知识结构的特点

大学生应具备的知识包括基础知识、专业知识、复合知识。

基础知识在大学生知识结构中发挥着举足轻重的作用，在现代高等教育改革中越来越受到重视，基础知识主要包括数学、物理学、化学、历史学、地理学、哲学、文学、艺术、文化、伦理道德、外语、计算机及专业基础知识。

专业知识是大学生知识结构中的主要内容，是大学生各自所学专业的知识，是大学生赖以生存发展的资本和发挥一技之长的具体表现。

复合知识是增强大学生社会适应性的知识，是为了弥补高等教育"专才"缺陷的知识，是大学生健康持续发展的助推剂。

合理的知识结构是根据社会需要将自己的基础知识、专业知识、复合知识有机整合而成的知识结构。大学生合理的知识结构虽然没有绝对统一的模式，但具有三个普遍而共同的特征：有序性、整体性、可调性。

2. 知识结构模型

常见的知识结构模型有以下三种。

（1）金字塔型知识结构。金字塔型知识结构的横向结构是宽广形，纵向结构为阶梯形。包括了宽厚的综合性基础理论知识、专业理论知识和适量的非专业理论知识及跨学科知识，强调的是基本理论、基本知识、基本技术技能的学习、训练和运用。"厚基础"为人的成才和创造奠定了基础，"宽基础"为人的综合能力、适应能力、应变能力的培养创造了条件。目前我国大部分本科专业教学计划实际上是按这种金字塔型的知识结构设计的。

（2）网络型知识结构。网络型知识结构是以自己的专业知识为"中心点"的，以其他相近的、作用较大的知识作为网络的"纽带"，相互联结，形成一个适应性较强的，能够在较大范围内左右驰骋的知识网。网络型知识结构的主要特点是知识面的宽广性。

（3）"T"型知识结构。"T"型知识结构是专博型知识结构的另一种表述。有的人专业知识精深，但知识面狭窄，其知识结构很像一个竖杆"│"；有的人专业知识浅薄，而知识面较广，其知识结构像一个横杆"─"。将二者之长集于一身，这就是"T"型知识结构的人。就目前来看，具有"T"型知识结构特点的人才，符合就业市场（专业化时代）的需要。因为精深的专业知识可以较好地满足对口行业的就业要求，宽博的基础知识则有助于支撑今后的发展。

3. 社会对求职者知识结构的要求

现代社会对求职者提出了多方面的要求，求职者在求职的过程中会受到很多因素和条件的限制，特别是会受到科学技术发展的限制。不仅如此，现代职业也对就业者的知识结构合理程度提出了要求。具体来讲，就业者的知识结构除了包括共性的知识技能之外，也要关注知识和技能之间的适应程度。

（1）不同类型的职业对求职者知识结构的共性要求。

第一，基础知识应该扎实。基础知识就像是一个树木的树干，只有基础知识扎实，后续的知识结构才能稳定。对于个体来讲，无论学习哪种知识、从事哪种职业都需要掌握一定数量的基础知识，都需要打牢基础。尤其是在社会经济飞速发展、科学技术快速进步的情况下，各行各业都进行了产业结构调整。所以，在现代环境下，大学生的就业很难做到从一而终，就业过程中可能会面临职业或岗位的变动，大学生想要适应这样的变动，就必须拥有扎实的基础知识。

第二，专业知识应该广博。知识结构中最重要的部分就是专业知识，只有掌握一定程度的专业知识才能变成某个专业领域的人才。大学生在学习专业知识、专业技术时，应该注意知识学习的深度和广度，大学生应该整体系统地了解知识内容，及时关注与专业领域有关的最新信息。除此之外，也要了解和本专业发展息息相关的其他领域的知识。

第三，新知识的储备应该达到较高的数量。各种各样的职业在发展过程中都会对从业者提出更高的要求，从业者只有注重新知识的储备，才能满足职业发展提出的新要求。具体来讲，应该做到：要学习更高层次的知识；要学习与专业知识有关的新信息；要学习更具有使用价值的知识。

（2）不同类型的职业对求职者知识结构的特殊要求。

第一，管理类职业提出的知识结构要求。管理类职业主要涉及企业管理、外贸管理、行政管理、金融管理、经济管理等方面。以管理类职业作为求职目标的大学生需要掌握基础的共性知识，在此基础上，还要了解与管理专业有关的学科知识。此外，还要关注国家的政策变化，了解相关的法律法规。对管理类职业从业者的知识结构进行分析，可以发现管理理论管理知识所占的比例较大。除此之外，知识结构中还涉及税务知识、工商知识、外贸知识。

第二，工程类职业提出的知识结构要求。工程类职业一般都与工程技术的应用有关，所以，工程类职业除了要求专业知识之外，还要求从业者及时关注现代社会新出现的专业知识、专业技术。

第三，农科类职业的要求。该类职业范围主要包括各农业科技园区、园艺类公司、农科所、蔬菜公司等企事业单位。这类职业要求从业者能吃苦、具有良好的专业知识并能运用于实践，有较强的自学和创新能力。

第四，教育类职业提出的知识结构要求。教育类的职业主要有大学教师、中学教师、小学教师、干部培训教师及其他职业教育教师。教师这个职业相对特殊，一般情况下，教师应该掌握唯物主义知识及学科专业知识。与此同时，还要了解与本专业有关的交叉学科的学科知识。教师作为传道授业解惑的人，应该做到博学，文化素养水平应该比常人高。教育类职业要求从业者具备网络型知识结构。

以上仅仅是对四个职业类型展开了具体分析，论述了四个职业所要求的知识结构。除了上述提到的四个职业类型之外，还有很多其他类型的职业，不同类型的职业也会提出特殊化要求。大学生应该关注自身职业提出的特殊知识结构要求，并且考虑社会发展需要、个人优势，对自身的知识结构进行调整，这样才能构建出科学合理的知识结构，才能为后续发展打下牢固的基础。

4. 知识的学习

一个人的文化知识素质，将决定他在求职择业时的自由度和取得职业岗位的层次，而知识主要由公共基础知识、专业基础知识、专业知识三个部分构成。

（1）公共基础知识。掌握宽厚的公共基础知识，不仅是形成合理的知识结构所必需的，而且是按照自身特点和社会需要，在一生中不断学习、掌握新知识的需要。公共基础知识犹如基石，只有宽厚坚实才能合理地建筑起稳固的知识大厦。大学生要掌握好基础知识，这是以后就业的铺路石、敲门砖。大学生在课余还可积极参与各类基础学科竞赛，建立宽厚的知识基础，有利于在今后的工作中适应各种变化，灵活自如地发展。

（2）专业基础知识。对于学生从事专门学科知识学习而言，专业基础知识学习是衔接公共基础知识与专业知识的重要一环，是公共基础知识的深化、发展，是专业知识的先导与基础，起着承上启下的作用。大学生只有掌握稳固的专业基础知识，才能进一步深入学好专业知识。目前，各高校专业基础知识安排的课时，占整个学时三分之一左右，这足以证明专业基础知识的重要性。作为学生应该广泛汲取各类知识的精髓，拓宽知识面，有针对性地扩大自己的知识面，在有利于专业知识积累与发展的条件下，使知识结构趋于合理。

（3）专业知识。专业知识通常是指学生各自所学专业的知识，专业知识是学生知识结构中的主要内容。随着社会生产力和科学技术的发展，社会对专业能力，特别是专业的实际操作能力要求越来越高。因此对形成专业能力的专业知识的要求也越来越高。

专业知识是学生赖以生存的资本，过硬的专业知识是学生今后顺利走向工作岗位的有效保证，是履行岗位职责、胜任专业工作必须掌握的。一个人的知识域是由专业知识和相关知识构成的。在学习的过程中，应区分出哪些知识是工作所必需的，哪些知识是进一步提高工作能力和工作效率、效果所需要的，从而有目标、分层次地对知识进行储备，准确而有效地获取相关知识。以教师为例，一个优秀的教师应该具备多方面的知识。其中，掌握好所教学科的专业知识是一个教师进行教学的前提。教师只有拥有丰富的专业知识，才能将其有效地传授给学生。但只有相关的专业知识，而不懂教育学、心理学、学科教学论的相关知识，则不能充分了解学生特点；不懂得教育教学方法，则不能有效地传授知识，这样就不能成为合格的教师。

（4）现代经济、现代管理和人文社会知识。在知识的建构过程中，在重视基础类知识和专业类知识的基础和前提下，要努力扩展自身基础类、专业类知识之外的其他横向类知识的范围。古今中外，许多学者一而再，再而三地提出和强调的"博学"思想，正是这里所说的知识结构中的广博性原则。现代社会需要学生具有一定的社会知识，一定的经济、管理知识和人文知识。作为一名新时代的青年学生，应该把学校开设的各种人文课程学好，利用空余时间多读一些社会科学、经济学、管理科学方面的书籍，扩充自己的知识面，开阔自己的视野，不断加深对社会和现代经济、管理科学方面的了解，从而不断提高自己的适应能力。

（5）新技术、新知识的储备。面对当前形势，如果只掌握本专业现阶段的知识，是很难适应社会发展的，在不断加深对专业知识学习的同时，还应科学地学习更多知识，在基础知识的学习宽度和深度上下功夫。要掌握本专业国内外研究的新动向、新成果，了解科技新动态，注意本专业的科学前沿情况。当然，要求学生同时掌握多种专业知识是不现实的，但是除了精通自己的专业知识，并能在实际中运用以外，再掌握或了解与专业相关联的若干专业知识和技术是可以做到的。

（二）科学的思维方式

思维是人的大脑对客观现实的总结和概括，思维可以概括出事物之间的关联及事物的发展规律。人的各项能力中，思维能力是核心，思维能力会受到个人智力水平的影响，但是，更大程度上受到个人思维方式的影响。如果个人能够使用科学的思维方式去思考，那么思维也会体现出深刻性、独立性、灵活性、理性、敏捷性等特点。培养大学生的科学思维方式应着重从以下各方面进行培养。

1. 学习哲学

哲学可以为人们解决问题提供新的方法，可以让人掌握更多的智慧。大学生是受过高等教育的学生，所以，通常情况下会形成理性思维能力。但是理性思维能力只是基础，大学生如果想要真正具备科学思维方式，那么还需要学习哲学。马克思主义哲学是能够揭示客观世界规律、能够让人学习科学方法的哲学。马克思主义哲学能够帮助人们更好地认识世界，并且改造世界。所以大学生应该学习马克思主义哲学，以此来培养并且形成科学的思维方式。

2. 丰富知识

科学思维方式的形成需要掌握大量的理论知识，在知识数量越来越多的情况下，一个人的思维也会越来越宽广，通过思考获得的结果也会越来越准确。举例来说，逻辑学知识对于思维能力的提升就非常重要，逻辑学知识当中有很多是与思维规律有关的，它会解释并且告诉人们如何形成科学的思维逻辑。逻辑规律是一切正确思维所必须遵守的最基本的规律，是认识现实的必要条件。违背这些规律，就会使思想丧失它应有的明确性、确定性和一贯性，从而谈不上正确的思维。

3. 独立思考

独立思考指的是个体全程依赖自己的头脑对事件进行分析、思考。独立思考最为重要的一点是独立，但是独立思考和讨论辩论并不是对立的，独立思考认为适当地讨论或辩论可以在一定程度上弥补独立思考的不足，也能让独立思考变得更加严谨。经常进行独立思考的个体可以对他人的优秀之处进行集中概括，能够在思想上超越他人，做出有先进性的预判。独立思考需要静下心来认真分析。大学生在参与各项事务的过程中，除了忙于奔波之外，也应该经常让自己安静下来培养自己的思维，对事物进行深层次的研究。

4. 调整思维方式

科学思维的培养需要个体对自己的思路进行整理，吸取思考思维方面的经验和教训。思维过程异常复杂，在思考的过程中，可能会经历很多次的思维错误，才能获得正确的认知见解。有些时候，人的思维可能处于不清晰的状态，可能缺乏变通。所以，人需要对自己的思维进行整理，吸取思考方面的经验教训，这样思维能力才能提升，科学的思维方式才能形成。

5. 提高艺术修养

人类文明主要涉及两个方面，即艺术和科学。智慧的形成及发展过程中的改革和创新都离不开艺术思维、科学思维。实际上，科学需要艺术，艺术也需要科学。

第三节　大学生就业价值及其引导

一、大学生职业定位与就业价值取向

(一) 大学生职业定位

即将走向工作岗位的高校毕业生对职业价值的理解包括"好工作有哪些、怎么评判好工作的标准、什么工作适合自己"等方面。职业价值观就是人们对待职业的观念和态度。职业价值观反映个体对待职业的信念，想从这份职业获取什么，是人们对一份职业的稳定性的追求，使人们能够选择该职业并长期维持下去。

依据需要层次理论，当代大学生应该根据自身实际选择符合自身能力和价值的工作岗位。每份职业都是平等的，需要脚踏实地、兢兢业业地付出，先从低层次做起，逐渐向高层次过渡。还应看到，由于个体所处社会环境和职业生涯阶段发生改变，个体的职业价值观也会逐渐改变，在纷繁复杂的社会文化的影响下，大学生应学会自省并梳理清晰自己的职业价值观，使其更加准确明朗。

（二）大学生就业价值取向

1. 大学生就业价值取向的特点

（1）看重职业的稳定性。越来越多的高校毕业生更注重工作的稳定性。很多毕业生宁愿选择暂时不就业，也要选择等待专业类招聘考试。比如教师招考、公务员考试、护理专业医院招考等。

（2）选择回生源地就业。就业指导和创业指导线上课堂显示，大部分毕业生更愿意选择返回生源地就业。一方面专业能力和工作岗位资源有限，且大城市的房价过高，工作生活压力都很大；另一方面由于生源地的地级市发展前景十分广阔，各类基础设施逐步完善，发展潜力巨大。回到老家，城市接受感、归属感较高，幸福感较高。

（3）热衷于继续升学深造。当前越来越多的大学生倾向选择升学。一方面是由于担心专业水平不足，导致部门毕业生自信心下降；另一方面，有些合适的工作岗位对学历有一定专业深度的要求，因此更多人选择升学，提升学历的同时也相应增加了就业机会。

2. 大学生就业价值取向的现状

（1）价值取向标准更加务实与理性。作为对大学生职业选择方向影响深远的要素，大学生的职业价值评价指标具有明显的多样化特征，涉及经济收入、职业前景、专业技能、社会地位、职业兴趣以及劳动强度等多方面内容。传统计划经济时代的社会担当是社会职业价值观倡导的主要内容。从价值判断衡量标准来看，大学生作为独立个体贡献社会发展的程度成为主要的标准之一。因此，出于提升社会地位、实现个人理想和规划目标的考虑，多数高校学生都尽可能地想尽一切办法供职于国家机关或企事业单位。在社会主义市场经济体制建立和不断健全的过程中，高校毕业生数量逐年攀升，用人标准也逐渐提高，大学生职业价值取向也随之更加理性化且贴近现实。

具体而言，理解这种更加趋向于理性化和现实性的就业价值取向应从两方面入手。①具体化的高校学生职业价值评价标准，如首要考虑薪酬和个人职业发展规划。高校毕业生在择业时往往会将职业环境、职业兴趣、职业发展趋势等作为重要依据，与之相对应的，在评价高校学生就业取向时，也会重点考虑工作回报、发展规划等，通过对比这些元素不难发现，计算机行业、金融产业、外资企业等成为高校学生的首选就职行业，其中尤以沿海地区和大城市的这些行业更加受到青睐。②国家扶植政策逐渐向中小企业和中西部地区偏移，例如"高校学生自愿服务西部计划""三支一扶"等有利政策。与此同时，社会舆论也在对这类政策的推广进行正面倡导。在这种就业创业大环境下，很多高校学生在走出校门后，都会开始将目光投向中小企业，甚至是自主创业，可以说"先生活后理想"的观念在高校学生群体得到了很好普及。高校普及的就业到西部地区、就业到基层单位、先就业再择业等理念越来越为更多高校学生认可，在推动高校学生健康就业、自主择业和实现个人成长与进步方面意义深远。

（2）主体意识与竞争意识有所增强。在市场经济发展日新月异的时代背景带动下，就业环境也发生了翻天覆地的变化，并带来了就业竞争日益白热化的就业压力，越来越多的高校学生正在面临着就业难的困境，也使其开始思考，从而在应对残酷的就业市场时更加积极乐观和心态平和，甚至可以调整自我就业价值取向和职业选择，以适应就业市场的现实需求。除此之外，很多高校学生也逐渐抛弃了以往盲目"等待"就业机会或过度"依赖"就业机会主动找上门的心态，以及通过读研和出国来逃避就业的方式，开始直面社会和就业市场，以健康向上的心态领先拥有主动权，这也从侧面证实了高校学生日益强化的就业主体意识和竞争意识。

除此之外，越来越多的高校学生在面对就业问题时，关注度越来越高，积极性也得到了提升。例如，很多学生开始关注国家相关部门的就业政策和就业数据，从中获得自身在就业市场中的优势和劣势，以及就业成功的概率等，然后根据这些现实数据提升自我素质和综合能力，造成这种现象的原因与市场竞争压力越来越大分不开联系。与此同时，这种现象也集中体现了高校学生在就业过程中实现自我消极心态的调整、自我竞争意识的加强以及就业心理机制的成熟化。

二、大学生就业价值的引导对策

引导高校学生树立正确的就业价值取向就是要通过有机融合我国的就业政策和高校学生精神层面的现实需要，营造有利于大学生正确就业价值观养成的良好社会氛围。而要实现这一目标，就需要社会各阶层的集体力量发挥，通过培养学生的独立思考能力、分辨能力，形成个人思维，从而确保顺利就业。

（一）加强高校的就业指导教育

高校在提升学生自我意识和专业能力，引导学生找准职业定位等方面发挥着无可取代的重要作用。引导学生养成正确就业价值观，让学生掌握基础的理论知识只是其中一方面，更为重要的一点是让学生树立明确的就业定位，以及形成客观的自我认识，这就需要正确的就业价值取向发挥作用。

1. 帮助大学生树立正确就业价值观

高校要加强对学生就业价值观的引导。例如，积极开展各种讲座以及多种兼具系统性和实践性的课程等，通过这些正面的积极引导，让学生对当前环境下的就业趋势、个人在就业环境中的竞争力情况等有明确、客观的认识。除此之外，就业指导部门等社会力量在指导学生就业方面同样发挥着重要作用，要积极发布实时的就业信息，为学生提供更多就业机会，引导学生做出正确的就业选择。

2. 把就业价值取向教育纳入就业指导课程

鉴于高校学生就业价值观养成过程中的诸多问题，高校要积极承担教育责任，既要教书，即为学生传道、授业、解惑，又要育人，即要完善就业指导课程设计，加强对学生开展道德教育、创业意识教育以及集体主义、奉献精神教育等，从而提升高校学生的就业平等观和就业竞争观，最终推动学生形成正确的就业价值取向。

优化课程设置、更新教学内容十分必要，具体而言，要提高课程的针对性，充分考虑学生在培养规格、培养方向等方面的差异化，要规避为了设置"高大全"的课程而刻意设计的现象，以强化各相关课程之间的内在联系，实现教学资源作用最大化发挥为出发点来优化课程设置。与此同时，在设计课程时，要提升相关课程之间的交叉互动性，双重拓展学生的思维宽度和思维广度，学科视野不断延展，以跨学科交叉与现实需求的相联系，推动学生专业能力和专业水平显著提升。

除此之外，还要重视对学生结构的优化和调整，要注重对学生职业技能适应经济社会快速发展的教育力度，要确保学校教育与全球化进程的同步性。人才市场作为学生就业信息和就业情况的窗口，要对学生培养向着应用与开发领域拓展提出更高要求。正是出于以上要素的考虑，才不得不调整高校学生教育结构，以不断满足社会发展和时代进步衍生出的现实需求。

（二）培养大学生自我教育能力

1. 自我教育的特征

自我教育是伴随现代社会生活方式而产生的教育方式，与传统教育方式相比具有自身的特点，也正是这些特点使它成为一种具有独特优势的教育方式。自我教育的特征主要包括以下五个方面。

（1）自主自为性。自主自为性是自我教育的最基本特征之一。自主自为性是指自我教育过程中，自我教育从发起到实施以及完成和实现，自我教育者都在其中发挥着主体作用，所有教育行为均由自我教育者本人独立完成或者主要依靠自己完成。

自我教育的自主自为性特征是因为自我教育是一个在自我教育者本人自觉意识指导下的自组织过程。这种自组织过程是主体思想发展自主性、能动性的高度体现。自主自为性是在个体主体性基础上形成的。没有自主自为这一特性，教育就成了教育者灌输、受教育者被动接受的传统教育模式。理想信念教育中的自我教育是具有主体意识的个体，具有自己的价值尺度和实践能力，而且具有反躬自省的能力，这就使得受教育个体在教育总过程中始终是作为一个独立个体，自觉地进行着实践活动。一切其他因素都作为一种外在环境支撑而存在，只能对个体的行为思想产生影响，而不能够直接指使个体做任何行动，更不可能让个体被动接受一种价值理念和思想。

自我教育的自主自为性以个体自我意识的成熟为基础，成熟的自我意识使得个体不仅能够审视外部世界，还能够省视自身。自我意识使自己与外界区分开来，清晰地认识到自己，关注自己，自我成为个体思考的立足点和落脚点；同时也意识到自己是可感知世界唯一的可支配者，只有通过自己的实践才能变革世界、变革自己。自我意识的成熟标志着个体主体性的觉醒，个体对教育活动有了自己的认识和感受，产生了自己的想法，随之而来的就是个体对于世界和自身的变革。在自我教育过程中，个体始终是以独立自主的状态来参与的，自我教育个体对教育内容有自己的看法和安排，对教育行为有自己的选择和计划，对于结果的评定也是基于自己的角度。自我教育过程中，原先被视为被动接受对象的个体开始自己主动操控教育过程，自己全程实施整个教育活动，教育计划的设定、实施、评价和调节，无不是个体自己承担的。于是自我教育个体成为教育活动的设计者、实施者和感受者，担当起教育者与被教育者的双重角色。在这两种角色的自由转换中，个体的思想实现了嬗变。

（2）相对封闭性。相对封闭性是指自我教育系统中，自我教育的教育者和被教育者统一于同一个体自身，在个体范围内就可以构成教育矛盾关系，开展教育活动，无须外在力量的过多涉入。同时，这种封闭性是相对的，自我教育个体可以在自我范围内开展教育，但仍需要外在教育者的引导、干预以及外部环境的支撑，完全独立于环境的自我教育会陷入主观专断的误区而迷失方向和影响进程。

自我教育之所以具有相对封闭性，从根本上说是由于人类意识的特性决定的。人的意识不仅能够反映外界，还能将视角转向自身反观自省，站在主体位置审视作为客观存在的世界和自身。人类意识高于动物意识的地方在于，除了对外界刺激积极反应的功能外，人类意识还发展出一种独特的能力——建构能力。这种建构能力建立于人的意识对于第二信号系统熟练运用的基础之上。人类完善的第二信号系统能够将外在信息刺激转化为抽象的信号，借助思维运作对其进行加工整理，可以认识对象的表象和属性，尤其是对于不能或者不易用第一信号系统感知的对象更是有力。人类意识借助第二信号系统和思维规则反映自身的情况，并在主观世界中构建出一个与现实对象同构异质的映像。于是个体的主观领域内便同时出现了一个作为认识改造主体的自我和一个作为认识改造对象的自我，一对矛盾便形成了，自我教育模式在个体主观领域内构建并开始运作了，不需要外在教育力量的参与。然而自我教育活动并不是一个完全封闭的系统，而是与外界相联系着的。因为，进行自我教育的个体本来就是在特定社会环境中进行活动的，需要外在环境的信息和物质的交流作为支撑。同时，由于个体自身的局限性，在一些环节上还不能独立完成或者独立操作，这会造成理想信念教育的偏差和误区，必须要外在教育者发挥主导作用干预、指导，推动自我教育朝着良性方向发展。

自我教育系统的相对封闭性对自我教育的开展具有重要影响。一方面，封闭的系统使得自我教育个体可以脱离外在教育者的直接参与，自主独立实施理想信念教育，减少了外在教育者的工作量，更重要的是给予个体更大自由发挥的余地，为主体性彰显提供了空间；另一方面，封闭的相对性要求自我教育个体必须始终关注环境的反馈信息和外在教育者的指导，不能主观臆断地实施教育活动；作为自我教育的监控者的外在教育者也必须紧密关注个体的自我教育活动，及时、准确地引导。

（3）直接性。任何教育模式都是中介性的，除了自我教育是直接性的。外来的思想政治教育往往停留于共性化，然而自我思想政治教育个性化较强，因此更加直接。个体是教育的主体，能够用社会标准来要求自己，同时结合自身需要，有计划、有目的地对自己提出要求，确定不同阶段要达到的目标，这样的思想政治教育针对性更强。中介性或间接性说明教育是手段，而非目的。直接性是指：一方面，教育主体无须借助其他力量就可直接认识教育客体；另一方面，教育方式上直接以自身体验为切入点，排除了中介性、中间性，跳出所谓的"价值中立"的科学思维方式，进入到价值领域中，具有表现为政治立场巩固和思想道德境界的提升。

自我教育过程中，作为改造对象的主观意识成为直接认识、作用对象，不再依赖于物质形式的载体。传统教育模式中，面对众多教育对象，教育者需要借助其他力量和途径才能把握其大概情况，不能确保准确把握教育对象的全部情况，而且教育的规划也是多依靠单方面制定的。由于实践经历不同，教育对象不一定能对教育活动产生共鸣，对教育内容的接受与理解程度就会打折扣。

自我教育是在个体切身感受的基础上自己设定和实施的，实施的教育有明显的针对性，实施过程中的情况也能及时反映到教育活动的操控者那里，并及时做出修正。既作为教育对象又作为教育主体的个体由于参与了自我教育，积极关注整个活动，对于教育活动产生了强烈的期待和信任感，接受过程中的心理阻碍会减少，接受效果会更明显。这是传统教育模式所不能达到的，因为传统教育模式中，教育者与被教育者分别为两个具有主体性的个体，而且二者活动范围也不同，相互把对方视为一个外在存在。这种形式的理想信念教育活动的设定、规划、实施及评定都是由另一个独立的个体执行的，与教育对象的实际情况会有很多的偏差，针对性不强；而作为教育对象的个体也会把施加于自身的教育力量视为对自己的异化，产生抵制心理，这就会导致理想信念教育活动的低效。而自主自为的自我教育则能够打破教育者和教育对象之间的障碍，加深双方的信任，增强理想信念教育的针对性和实效性。

自我教育者的直接性是建立在自我体验的价值真实性之上的。自我教育个体自主自为地进行理想信念教育活动，自己的实践经历与体验成为调动情感的最直接的依托，自己的切身经验提供了最好的教育材料。自我教育的直接性对于自我教育的意义就在于增强了针对性，调动了情感，提高了教育效果。事实证明，自我教育个体越能真实认识自我，越能提高情感认同就越能增强教育的针对性和实效性。

任何个体关注自我发展都是多于关注他人发展，作为一般的教育者也是如此。常规教育中教育者对教育对象的关注相对较少，而且是以关注自我为跳板来关注教育对象的。自我教育中的教育者的关注是对于主体和对于客体关注的高度统一，这从主观动机上就使得自我教育比其他教育更有优势。

（4）终端性。终端性是指自我教育在整个教育活动中可以视为教育环节的终端，是对外在教育的承接和深化，是外在教育产生作用的最终决定环节。自我教育机制的终端性是从理想信念教育的过程和结果上来讲的，自我教育处于理想信念教育过程中的末端，理想信念教育的最终结果是开启受教育者进行自我教育。

自我教育的激发与进行是外在教育进入个体注意范围的关口。没有个体的主动关注，外在教育内容进不了其感知范围，达不到感知度，成为过眼云烟，自然不能入脑入心。自我教育意识的产生是自我教育开展的前提，也是外在教育内容能够进入个体内心世界的基础，在这个意义上我们可以将自我教育视为把外在教育引入个体内心世界的引导者和守门人。没有自我教育的有效开展，理想信念教育的内化——外化进程就进行不下去，理想信念教育目的就不能顺利实现。

自我教育的终端性是外在教育生效的标示，对于理想信念教育具有重要意义。没有个体的自我教育，理想信念教育内容往往就被挡在教育对象的主观世界之外，不能真正入脑入心。只有激发和促进自我教育，打开通向教育对象内心世界的门扉，让教育对象在自己开垦的土壤里自主播种、耕耘、收获，这样才能增强理想信念教育实效性。

（5）全时空性。全时空性是指自我教育对教育环境的全面适应性，它可以在此时进行，也可以在彼时进行；可以在此地进行，也可以在彼地进行；可以在这种环境下进行，也可以在那种环境下进行。自我教育对环境的要求不高，一旦被激发，自我教育就会按照过程循序渐进地进展，环境只是自我教育的潜在支撑因素。自我教育者可以随时随地对自己进行教育，因为自我教育中教育者与教育对象是物质统一、精神统一的，教育者与教育对象存在于同一时空，不仅可以全程掌握对象的情况，而且也可以随时干预对象的思想与行为。

传统教育模式中，教育者与受教育者毕竟是两个人或人和组织，在时空上是可以分离的，在实施教育的时候才相互联系发生影响，除此之外，二者是作为两个不相关的独立个体存在的。教育者不能全程观察教育对象，即使可以观察到其行为，由于思想与行为并不一定是同一的，也不一定能真正了解对象的真实思想。

传统教育模式中，教育活动的进行对环境依赖很大。环境设置既要符合教育主题，又要考虑教育者和教育对象的情况。教育环境的布置成为教育活动的重要部分，也成为影响教育效果的重要因素。而自我教育则不同，教育者与教育对象统一于一身，随时掌握对象情况，可以以第一身份与对象交流，对象不会从态度上产生抵制和叛逆。这对于化解理想信念教育中存在的问题具有重要意义。传统教育中教育者与教育对象时空上的分离，导致情感上的疏离，对教育环境的要求使得教育者只能择机开展教育，而且教育环境的布设也增加了教育成本。自我教育的成功实施则可以将这些问题解决，随时开展教育。

传统教育模式由于教育者与教育对象分离，以及教育活动的计划性，教育活动往往被分为一些独立的阶段，对儿童、少年、青年和成人等对象的教育各不相同，各个阶段的教育安排有异，教育对象一旦离开了原设教育环境就不再是教育对象，教育过程中断也造成了教育效果的断层。自我教育能够打破教育的阶段性限制，根据对象自身情况开展针对性教育，弥补外在教育者的缺位，具有持久和稳定的激励效果。

理想信念教育激励不同于一般的是，它是根据人们的需要，特别是精神需要，启发人的思想觉悟，改变人的价值观念，引导人们树立崇高的理想目标和追求，以激励人们的精神动力。

2. 自我教育的环境优化

自我教育个体分化为主我和客我，二者相互作用，构成了一个相对独立的系统。此系统并不是也不能孤立的存在，而是存在于一定的环境之中。我把自我个体以外的一切因素都作为自我教育机制系统的环境来看待，自我教育环境为自我教育系统的运行发展提供不可或缺的支撑。从系统论观点来看，自我教育环境是将其内部组成的各个要素综合起来形成一个合力，以特殊的方式作用于个体认识的形成。

环境对自我教育的作用是非常重要的，情感教育和情感培育就必须在自我教育环境中进行，须臾不能离开，自我与理想信念教育环境自成一体，人触景才能生情，自我教育必须在环境中进行才能取得切实的效果。自我教育者的主体性只有在具体环境中的良好发挥才使得自我教育从可能变成现实。自我教育个体经常在这些环境中活动，直接接受来自这些环境传递的信息、物质和能量，这些环境发出的刺激更受个体的关注，更容易影响个体的思想与行为，决定着自我教育的具体走向。一方面这些交流联系是直接的，传递内容是明确的；另一方面，这些环境的交流在自我教育系统即自我教育个体所接收的信息中所占比重较大，因而，其传递的信息对自我教育系统影响最明显，是影响自我教育进程的主要因素。自我教育机制运行的正常与否会改善或破坏环境，环境本身的变化也会改变自我教育的运行。

（1）按照环境中构成因素是否具有能动性，可以把环境分为"属人"环境和"属物"环境。

第一，"属人"环境。所谓"属人"环境，指的是自我教育系统之外所有的社会个体构成的集合，包括自我教育者的血缘关系成员（如家庭成员），具有共同社会生活的群体成员（如同龄群体）和共同处于理想信念教育矛盾体系中的理想信念教育组织者和理想信念教育知识。这些因素作为自我教育系统的环境存在，同时还作为具有主体性的社会成员而存在，与自我教育系统积极地交流信息、能量和物质，影响自我教育的进展。人的环境与自我教育系统在交流方向上呈现出双向互动性特征，相对其他环境因素来讲，它们对自我教育的影响更直接、迅速。

在自我教育"属人"环境中，思想教育组织者具有重要地位。自我教育的个体不可能最先拥有先进的素质，必须要外在教育者对其进行初始的灌输、引导。思想教育是主导性非常强、方向性非常强的教育活动，必须要外在教育者进行监控、引导和指导，如果没有外在教育者作用的发挥，自我教育就会陷入"不教育"的放任自流的误区。作为思想教育基本途径的自我教育也离不开外在教育者的主导作用，否则就会成为"无指导的教育"，陷入放任自流的境地。所以，把理想信念教育组织者作为一个特殊因素单独关注是有必要的。

第二，"属物"环境。所谓"属物"环境，指的是自我教育系统之外的所有非人的因素构成的集合，包括自然化的物的环境（如山川河流，动植物）和社会化的物的环境（如建筑、机器、音像资料）。"属物"环境主要是对自我教育的物质保障，包括对自我教育个体生命维持的保障和对自我教育活动所需物资的保障。这些因素形态比较固定，在自我教育进行过程中以一种静态、被动的方式为自我教育系统提供物质、信息和能量，在联系交流的方向上，呈现出单向性特征。虽然物的因素在自我教育过程中是被动的，但是其作用是基础性的，它不仅为自我教育系统提供物质基础，还是人的环境存在的物质基础。没有物的环境做基础，就没有"属人"环境的存在，自我教育系统就没有得以演进的可能性。物质环境为自我教育个体提供了存在和活动的基础，社会环境奠定了自我教育发展的基本方向。

（2）依据环境的时空范围。按照环境的时空范围，可以把自我教育的环境分为小环境和宏观大环境。

第一，小环境。所谓小环境，是指自我教育个体经常活动的具体环境（如家庭环境、校园环境、单位环境等）。自我教育个体与周边小环境的交流互动性更强，对于来自小环境的信息刺激反应更加积极、受其影响也更大。

第二，宏观大环境。所谓宏观大环境，是指周边小环境以外的其他环境的集合，（如社会物质生产环境、社会风俗习惯、国际关系等）。社会大环境虽然与自我教育个体的互动性不强，多是单向的信息传递，但是社会大环境作为最基础的环境对自我教育个体的行为具有根本性制约作用。

社会环境在自我教育过程中主要是担当直接反馈者和最终评判者的角色。个体的行为实施后，社会环境会对其做出多方面的反应，这些反应又对个体的思想和行为产生影响，进而影响自我教育活动。同时社会环境还是个体行为的评判者，主要是从个体与周围人关系、对社会作用价值角度做出评判，这些评判会促进或抑制个体的相关思想与行为，也会对自我教育方向与进程产生影响。作为更基础的宏观大环境与个体的直接交流并不多，以单向交流为主，个体被动接受其发出的信息刺激。宏观大环境以一种潜移默化的方式产生基础性影响，通过周边小环境发挥出影响力量。这种环境不会对自我教育具体过程产生直接影响，但是却对自我教育的一些前提性条件做出限制，如社会大环境以其传统文化的力量，塑造了一个理想自我的形象，规定了自我教育的方向和基调。

（3）依据环境的性质。按照环境的性质，可以把自我教育的环境分为"硬环境"和"软环境"。

第一，"硬环境"。所谓"硬环境"是指可以通过有形的物质性指标来衡量的环境因素。它包括能够影响自我教育个体或人类教育活动的由一定生产方式所形成的经济和社会制度的总和，具体指政治制度、法律、经济等方面能用指标量化的因素。从客观来说，"硬环境"能够帮助自我教育主体掌握和运用客观事物产生的新规律。从宏观角度来看，一个国家如果拥有优越的社会制度，政治、经济体制完善，社会和谐稳定，人与人之间就会建立良好的人际关系，人们就能集中精力去创造新事物，发挥积极性。

第二，"软环境"。所谓"软环境"是不能用物质指标量化但客观存在的，经常以潜移默化的方式对自我教育主体的身心发展产生实际影响的各项条件。如社会风气、民族性格特点等。具体是指文化环境。通过实践产生理性认识是一件比较难的事情，这需要自我教育主体拥有丰富的知识储备，而且要时机恰当。其中，自我教育环境中的文化环境是十分关键的。

人们时时刻刻都处在文化环境中，文化环境包括各种不同的精神文化，会对主体活动产生影响。掌握并学会运用文化环境中的传统文化至关重要，这有助于为人类获得理性认识创造机遇，传统文化是古代劳动人民对实践经验的总结和概括，为思维主体把握问题的机遇奠定了坚实的基础。文化环境之所以能够促进认识闪现机遇的产生，是因为思维心理在文化的熏陶下会变得异常活跃，从而提高思维能力。

对自我教育者的素质来说，自我教育环境占主导地位。从主观方面来看，在人类理性认识的形成过程中，自我教育环境中的自然环境能够支配自我教育主体的素质，具体表现在它能够为自我教育主体提供思维条件，此外因为人脑可塑性强，所以在实践中可以借助教育不断提高人的素质和思维水平。自我教育环境中的自然教育包含个体进行思维活动所需的各种物质器官和自然资源，如感觉器官、效应器官、大脑、保证个体生存所需的各种条件等。

良好的自然环境对形成认识的素质起主导作用，甚至影响到人的素质构成，人的素质构成因素只有在思维活动中才能表现出来。体力素质决定了主体能动性和创造力的开发。主体创造力的基础是智力素质。精神素质有助于主体确立正确的观念，具有主人翁意识，认可并接纳所从事的事业，在工作中积极主动，发挥创造力。主体素质越高，能动性就越强，就能够创造更大的社会价值。自我教育的自然环境能够调动思维心理的积极性。

自我教育个体、外在教育者和外在环境共同参与自我教育过程，相互依赖、相互促进。离开任何一方，自我教育都会无法进行或者陷入迷失方向的误区；只有充分发挥和协调各方面的作用，才能使自我教育按照预期理想方向发展，发挥出独特的教育优势。

（三）提高大学生就业适应能力

1. 提高大学生就业选择能力

树立客观的择业观是拥有正确就业价值取向的基本前提，而统筹兼顾社会现实（如国家、社会、集体等）则是实现职业目标的重要保障。在择业和创业过程中以为社会建设和发展服务为基本理念，就要求高校学生要舍小我、为大我，为集体利益和国家利益贡献。考虑到国家、社会、集体和个人之间的密切关系，在高校学生创业的过程中，既要考虑个人利益，又要考虑国家和社会利益，以及他人需求。具体而言，在选择某个职业时，要考虑这个职业是否可以同时满足个人需要与社会需要。如果个人需要和社会需要之间矛盾明显，同时无法调和，就会对个人的就业产生阻碍。因此，协调好国家、社会和个人之间的关系是确保大学生顺利就业的关键，大学生要将个人需要和社会、国家需要结合起来，做出正确的就业、择业价值取向选择，从而培养自身正确的就业理念。

2. 提高大学生自学能力

大学学习的最终目的在于通过让学生学习并掌握某个特定领域的专业知识和专业技能，实现高校学生的个性发展、全面进步，使当代大学生具备一定能力适应经济、社会和文化的发展需求，进而服务于社会主义现代化建设。除此之外，只有储备一定专业知识和技能，大学生在实现个人成长与进步的过程中，摆脱各种局限，实现个人发展。因此，就要求高校学生在校期间既要学习专业所需的理论知识，又要注重自身综合能力的提升。例如，最基本的语言表达、文案书写能力等，只有这样，才不至于因为社会经验的欠缺而无法科学应对挫折。因此，大学生在校期间要积极参与社会活动，通过多样化的社团活动、社会实践活动及专业学习等，在完善自身知识储备的同时，以丰富的社会经验累积提升自身的专业素养和综合素质。

大学学习不同于高中学习的是有充裕的时间让同学们自由支配，这就为发展自己个性化的学习提供了基本条件。大学期间知识技能的提升不仅可以通过课堂来实现，而且还可以充分利用图书馆的资源。有时间去图书馆四处走走，熟悉那里的氛围，去不同的房间看看，总结自己在哪里学习效果会最好。

（1）在学习过程中发掘自己的创造力。给自己随机选择两件物品，尽量多想一些可以把两者联系起来的方法，比如大小、颜色、破碎的方式、有没有冲突、如何旋转、什么时候买的等，这是在训练横向思考的能力。或者在屋里找三件圆形的东西，找三件能打开的东西。此外，还可以将比喻手法（也就是用一种事物来代表另一种事物）加以利用，尝试在一件事或一道学习难题上运用不同的角度。以视觉图像的方式来呈现，使问题摆脱了学习背景的束缚，从而对其具体的形态形成正确且清晰的认知。

（2）反思性学习。作为一名大学生，要为自己的进步负责。除了老师的考核，要通过一系列的自我分析和反思，独立思考自己擅长什么，需要改善什么，有哪些要优先完成的任务。定期花点时间思考自己是怎样学习的，如果能养成反思的习惯，学习成绩会大大提高。如果能考察到学习动机、态度和想法上的变化，思考目前的学习策略适不适合当前的任务，要完成作业的技能、学习的障碍、自己不足的知识或技能，学习效率会大大提高。

（3）高校学习。有时候我们把每一本书都从头读到尾，但实际上并不是每一本书的每一页都很重要，应该采取有效的阅读策略。有时候我们把笔记记得非常详细，但可能没有时间好好思考自己记下来的内容。有时候连续学习很长时间，很容易疲劳，思路不清晰或者觉得乏味走神。高效学习体现为尽早着手，如果不想学习，先强迫自己学 10 分钟，快速记下自己的问题，帮助自己集中精力，列一份要完成的任务清单，尽快开始着手工作，因为接到任务之后，即使去做其他的事情，大脑还会在想刚才的问题。

（4）积极学习。积极学习是对应于消极学习来讲的，采用积极的学习方法，学习效果会更好。参考积极学习的特征，梳理积极学习的好处。

对学习习惯的实施，必须进行自我管理，也就是对于目标时间内的目标任务完成情况进行自我检查，养成一种担当的精神、品质与能力。

3. 培养大学生创新创业能力

"创新创业教育概念提出代表了中国高等教育改革发展的重要方向，其理论意义在于承认每个学生都具有创新创业潜能，其实践意义在于引导每个学生都成为创新创业人才并促进高校教育教学范式转型。"[①]

---

① 王洪才. 创新创业教育：中国特色的高等教育发展理念 [J]. 南京师大学报（社会科学版），2021（06）：38.

随着我国社会主义经济的繁荣发展，创新创业逐渐发展，而通过创新创业带动我国社会主义经济结构的调整和优化也显现出了一定的必然性。在推动青年创业方面，国家政策发挥了重要作用。例如，我国对鼓励创业孵化服务，健全"互联网+"服务进行了明确规定，同时也进一步强调了通过引导高校学生创业、科研人员创业带动经济发展的重要性。因此，为了更好地适应国家政策和社会发展趋势，高校学生就需要提升自身的创新观念、思维意识以及创造力，提高自身参与创新创业活动的积极性和能动性。

（1）建立健全的创业知识信息体系。经过大学阶段的专业课程学习，高校学生会在专业知识储备和专业技能技巧方面占有一定优势，将专业知识应用于实践的能力也会更强。但是，这并不意味着他们在创新思维和创业能力方面的突出，相反，他们需要进一步通过学习来丰富知识储备、拓展创新思维，不断完善创业信息体系，而校际之间的合作则可以提供强有力的支持。

（2）在适应市场需求的同时，提升团队向心力。创业是一个综合性的过程，既需要具备较强的综合知识和技能，又需要凝聚整个创业团队所有人的智慧和创意，因此，在健全创业信息体系建设的过程中，就需要发挥团队向心力的重要作用，与此同时，它还可以提升创业的成功率。因此，拥有一位志同道合、综合素养过硬的创业伙伴对高校学生的自主创业至关重要，在此基础之上，还要注重个人创造性思维与市场现实需求的契合度。

（3）不断积累创业经验，为创业成功保驾护航。在高校学生自主创业的过程中，创业经验可以为其提供经验指导，同时也可以为其规避很多影响创业成功的隐患。因此，高校学生在创业过程中，要勇于尝试，不畏惧失败，不惧怕挫折，要积极转变传统思维观念，视其为宝贵的财富。与此同时，要充分发挥学校平台在自主创业过程中的作用，通过学校官方的开放平台积极寻求校友帮助，吸取他人的成功创业经验精华为己所用，不断优化自身的创业思维和创业实践。除此之外，与创业伙伴的团结合作也能为高校学生带来丰富的市场资源，从而为自身创业规划的科学性提供科学的数据参考，以长远的市场眼光来规划自身的创业道路，在这个过程中，不断优化创业环境意义也是非常重要的。总体上而言，以上这些因素都将成为创业成功的助力。

（4）精准把握学生的实时创业心理。理论知识储备丰富、实践经验匮乏是制约高校学生创业成功的重要因素，因此很多高校学生会因为抗压能力较差等问题而发生创业心理的变化。因此，社会力量要精准把握学生的实时创业心理，并提供及时、有效的创业帮助。例如，对抗压能力较弱的创业者进行针对性心理疏导，对处于创业迷茫期的学生分享成功创业经验等。

第五章 大学生问题解决与创新能力的提升

第一节 解决问题的能力

一、影响解决问题能力的因素

第一，智力、教育和经验。如果一个人的智力水平越高，受过的教育越好，具有的工作经验越与问题相关，就有可能具有越好的解决问题的技能。

第二，情绪智力调节。如果一个人能够很好地理解自己和他人的情绪，并妥善表达、处理，那么他就具有良好的解决问题的能力。比如，一个情绪智力较高的人，他很清楚处在情绪危机中的时候要避免做出重大决策，并能意识到自己何时是处于情绪危机之中，从而很好地控制自己在情绪危机时的行为，这样他就会使自己的决策更趋于理性，避免极端情绪对决策的影响。

第三，灵活与僵化。具有灵活性的人，善于从不同的角度去看问题，产生一些具有创造性的想法，从而表现出较好的解决问题的能力。

第四，直觉。直觉是不经过逻辑的、有意识地推理而识别或了解事物的能力，是与逻辑分析、有意识的思维相对立的一种思维方式或能力。通俗地讲，就是人们在解决问题时主要依靠自身的经验来进行判断，其中对于各种证据的权衡和抉择是自动完成的。良好的直觉需要大量的经验和相关知识作为储备，其形成可能需要很长时间。

第五，专注。专注是影响问题解决能力的重要因素，有时人们解决问题的能力不强，往往是注意力不够集中所致。要提高问题解决能力，最重要的一点就是提高自己的专注程度，这时很多有创造性的想法就可能会自然而然地出现。

第六，决断性与完美主义。有时候人们解决问题的能力欠佳，可能是因为自己不敢做决策，或太过追求完美而错过最佳的机会。在纷繁复杂的环境中，寻求一种适当的妥协，往往能提高解决问题的能力。实际上，不管是生活还是工作，人们往往是在寻求一种相对

"满意"的问题解决方法，而很难说什么样的解决方法是"最完美"的。

第七，承担风险与寻求刺激。风险与刺激是影响人们解决问题的能力的重要因素之一。在一些类型的问题解决上偏好风险与刺激的个体比较具有优势，而在另一些类型的问题解决上他们则具有致命的弱点。知道何时应该在什么样的问题解决中承担风险与寻求刺激，何时应该倾向于保守稳健，是良好的问题解决者必须具备的技能。

第八，价值观。价值观对人的思想与行为有着重要的导向作用。人们在问题解决行为中表现出来的根本性差异往往是价值观层面上的差异，尤其是当存在多个决策目标的时候，决策者在是非、得失的观念上的认识差异，在价值观判断上的差异，会影响不同目标之间的权重，从而对决策选择产生影响。

二、提高解决问题能力的途径

学会处理问题是一个人立世和成事的根本。善于处理问题是一个人综合素质的集中体现，学会处理问题可以改善个体的社会环境、生存环境，甚至心理环境。

第一，积极面对问题，主动承担责任。不害怕问题，提高自己解决问题的能力的秘诀是尽量多地承担工作，并真正投入其中，坚持不懈，迫使自己的能力得以提高。问题接触得越多，解决问题的能力就越强。

第二，认真做好一件事。每一件事情的完成，哪怕是极小的事情，都有助于提高解决问题的能力。

第三，用目标来激励自己。每个人在潜意识里都会有自我实现的愿望，为自己树立一个工作目标是发挥自己潜能、提升自己工作能力的重要途径。

第四，培养正确的思维方式。每个人都有自己固有的思维方式，这种思维方式在工作中的应用直接影响到解决问题的效果。建立合理的思维方式是提高解决问题能力所必需的。不要拘泥于以往的思维，要有创造性思维，这样才会比别人看得更清楚。

第五，经常思考，大脑时刻保持清醒。解决问题能力比较强的人都特别善于思考。思考是成长的唯一方法，思考是人类作为高级动物的特征。优秀的人经常面对问题去思考，在思考中得到成长，在思考中找到工作的方法，在思考中领悟工作的快乐，解决问题的能力也在思考中得到进一步的提升。当然，提高解决问题能力的方法还有很多，可以在实践中摸索，重要的是我们要着重培养这个意识，要多动脑多动手。

第二节　创新能力的培养

一、创新的认知

创新是通过概念化过程产生出与原有事物存在较大差异的新思维、新创作、新技术等。英语中，"创新"一词从拉丁语演变而来，原意有三层含义：一是更新，替换原有的事物；二是创造，创造出原来没有的事物；三是改变，对原有事物进行发展和改造。创新的三层含义是人类区别于其他生物的特有能力，是自觉能动性的高级外在表现。因为有创新行为，人类社会才会持续不断地发展。人们通过对哲学、经济学、社会学理论与实践的不断深入研究，促进对创新概念的认识和理解。

(一) 创新的重要意义

创新是推动人类社会发展前进的动力源泉之一，在宏观和微观层面都有重要的现实意义。

1. 宏观角度

从宏观角度而言，创新对一个国家和民族的繁荣兴盛具有决定作用。随着社会发展，国家之间的竞争已经逐渐演变为创新能力的竞争。

从经济学角度来看，创新直接促进科学技术的进步，将高新技术应用到生产实践中，又会推动生产设备及相关技术的更新换代，对劳动者的业务能力和综合素养具有一定的提升作用，这些综合因素的推动会产生先进的生产力。从社会学角度来看，理论创新会促进制度、技术等的创新形式，进而带来生产关系及社会政治、经济、文化等制度方面的革新与发展。从文化角度来看，创新推动人类思维和文化的发展。思维方式的变化受到人的实践方式影响。行为方式作用于思维方式。理论创新和实践创新相辅相成，相互作用，共同推动科学技术的革新，有助于开阔人类的认识眼界，扩大认知范围，进而推动人类思维的转变和发展。因此，创新作为重要的行为方式之一，推动人类思维方式的发展与变革。此外，文化改变同样需要行为方式的发展与革新，同等道理，创新也推动人类文化的发展。所以，人们需要树立创新意识，需要不断进行创新。

2. 微观角度

从微观角度而言，创新对个人的成长进步至关重要，是个人在工作中保持持久活力的动力源。一方面，创新是人为了解决问题、创造更好的生活而必须做的一种行为，是人的主观需求。创新行为是人对原有事物或者思维进行分解，再利用思维进行加工重组，创造出不同于原来的新事物或新思维。另一方面，创新是人类认识和改造世界的实践活动和勇于开拓的精神状态的协调统一。社会的发展会促使人产生新的物质或精神需求，这种需求会推动人类在现有的物质或精神活动基础上，创造出能够满足需求的新物质或精神，从而充分体现出自身价值。这一满足更高需求的实践过程就是创新。

（二）创新的类型划分

创新可从以下角度进行划分。

第一，从表现形式划分，创新包括：知识创新、理论创新、工艺创新、技术创新、产品创新、服务创新、制度创新、商业模式创新、管理创新、渠道创新等。

第二，从服务领域划分，创新包括：教育创新、医疗创新、通信创新、民生创新、金融创新、工业创新、农业创新、商业创新等。

第三，从行为主体划分，创新包括：个人创新、企业创新、高校创新、科研机构创新、政府部门创新、中介服务机构创新等。

第四，从组织形式划分，创新包括：独立创新、联合创新、引进创新等。

第五，从过程变化划分，创新包括：演化性创新、革命性创新等。

第六，从实践效果划分，创新包括：有价值创新、无价值创新、负效应创新等。

第七，从创新程度划分，创新包括：首创型创新、改创型创新、仿创型创新等。

第八，从管理对象差异性划分，创新包括：知识创新、技术创新与制度创新等。

（三）创新的主要特点

创新是对于重复、简单的劳动方式的否定，是对原有事物进行根本性变革或综合性改造，它主要具有以下特点。

第一，目标性。创新的目标就是通过创新活动，在一定时期内预期所要达到的结果。不同的创新活动具有不同的目标，企业创新活动的目标是提高核心竞争力，从而赢得市场。

第二，变革性。创新是对原有事物的改革和革新，是一种深刻的变革。只要变革的方向正确，目标明确，就可以打破已有限制，获得更大的生存空间。

第三，新颖性。创新的新颖性是指创造者对现有的不合理事物进行扬弃，革除过时的内容，创造出前所未有的东西。

第四，前瞻性。由于创新就是相对于他人的首创行为，因此创新往往超前于社会认识，能把握到未来事物的发展方向。

第五，价值性。价值性不是单纯提高产品的技术竞争力，而是通过为顾客创造更多的价值来获取顾客，赢得企业的成功，由此开辟一个全新的、非竞争性的市场空间。

（四）创新的基本阶段

1. 准备阶段

准备阶段是创新过程的基础阶段，这一阶段的特点主要是在积累知识的过程中检查和清理问题，确定创造的方向和目标。在这个阶段，提出问题、搜集资料和提出假设是最为重要的步骤。

（1）提出问题。创新者能明确地提出问题就等于问题已经解决了一半。为了正确地提出问题，必须了解引起问题所依据的重要事实，以及在解决问题时已准备的前提条件，如理论水平和研究积累的科学事实等。

（2）搜集资料。在这一阶段，必须着手挖掘一切行之有效的方法，即尽可能地围绕问题搜集资料、形成概念、储存经验，以便为进行创新活动奠定良好的基础。

（3）提出假设。创新都是以假设为前提的，只有进行可行性的假设，才能从不同的事物中发现共同的东西，从未知的事物中找出已知的东西，从已知的事物中预测未知的东西。有了假设，特别是想象假设，才能发现自然界和社会生活中的新规律，成为新事物的发明者和创新者。

2. 酝酿阶段

酝酿阶段是创新过程的运作阶段，酝酿阶段是对各种材料进行深入细致的分析，进行消化、吸收，并提出问题和解决方案的过程。这一过程是创造性思维过程中最为艰苦的阶段，也是智力和意志活动付出最大努力的阶段。为了把自己调整到创新的状态上来，创新者必须从熟悉的思考模式以及对某些事物的固定成见中摆脱出来，打破看问题的习惯方式。

3. 顿悟阶段

顿悟阶段是创新过程的收获阶段，常常被称为"直觉的跃进""思想上的光芒"。顿悟是与直觉和灵感具有一定联系的思维现象。进入这一阶段，问题的解决一下子变得豁然开朗，思维范围扩大，以往百思不得其解的难题，瞬间得到破解。

顿悟与灵感同前面的准备和酝酿是分不开的，顿悟如果离开人们长时间的实践，离开高度集中化与紧张化的思考，是不可能产生的，它是一个人长期实践、长期思考、艰苦劳动的产物。

二、创新能力培养的前提

（一）创新精神

创新绝不是无本之木、无源之水，唯有夯实知识基础，创新才有可能。因此，大学生应精通所学课程，并培养广泛的阅读兴趣。学习无处不在，与他人交流是学习，上网是学习，观看视频也是学习，其关键在于我们是不是用心。唯有理论与实践相结合，理论才有意义。大学生应该活读书、读"活"书。只有精通理论，才可能去改进实践，只有拥有丰富的实践经验，才可能产生新的理论。

除此之外，大学生要培养自己的创新精神，应富有怀疑精神，探究各种事物的本源及其实质。要开发大学生的创新精神，培养大学生的创新能力，必须让大学生投身于社会实践中。只有在实践中才能找出想与做的差距，创新理念才能变为现实，创新精神、创新能力才能得到真正的发展。

（二）创新思维

在大脑中负责记忆的海马体被连接到两个被称为"杏仁核"的神经元小球上。如果出现熟悉的事物，海马体就会迅速地被激活。但如果是新鲜的事物，海马体就很难找到与之匹配的记忆，它就会把这种事物鉴定为不熟悉，然后向杏仁核发出信号，我们就会感到抵触和反感。这是人们接受事物的生理学基础，也是人们的一种本能。

1. 创新思维的重要意义

创新思维是人类从事创造性活动的基础，是一切创造原理和创造技法的源泉，人类的一切成果无一不是创新思维的结果。创新思维结果实现了知识，也就是信息的增殖，它广泛存在于科学史上的重大发明中，存在于政治、军事决策和生产、教育、艺术及科学研究活动中。因此，每个人都具有广义上的创新思维能力。

（1）创新思维是开创之道。创新思维是创造财富最便捷、最有效、收益率最高的活动。人类社会存在的目的是创造更多的财富，生产更多更好的物质和精神产品，满足人们提高物质文化生活水平的需要。各国竞争就是创造财富能力的竞争。

（2）创新思维是竞争要素。创新思维是一种社会精神与生存方式。当今社会，要在激烈的竞争中取胜，需要另辟蹊径，在大众化的思维中独树一帜，也就是依靠创新。所以，创新已经成为一种社会精神与生存方式。

（3）创新思维是国家之要。古今中外的国家兴衰史表明，科技兴则民族兴，科技强则国家强。综合国力竞争，说到底是创新思维的竞争，要实现中华民族伟大复兴，最根本的是有创新思维的支撑，因为创新思维是增强国家竞争实力、实现中国梦的必然选择。

（4）创新思维是创业源泉。创新思维是创业的源泉，一个成功的创业活动包含许多创新行为。创业的成败往往依赖于创新程度和创新质量。社会在发展，时代在前进，创业并不能完全走别人走过的路，只有结合内外环境变化，进行适当创新才可能成功。

（5）创业思维是创意支撑。与众不同、另辟蹊径，是大学生创新创业的起点。正因为如此，创意、创新、创业之间的关系才如此紧密，被联系在一起。创业成功，主观上离不开艰苦的努力、坚定的创业精神作为动力源泉；客观上离不开创新思维的支撑。

2. 创新思维的基本类型

思维指在表象、概念基础上进行分析、综合、判断、推理等认识活动的过程。方法由思维所派生，受到思维制约。

（1）联想思维。联想思维指充分利用现有资源，对毫无联系的事物进行联想，寻找共性，从而达到创新目的的思维方法。

（2）组合思维。组合思维是把已有的若干事物合并到一起，从而产生一个新事物的创新思维方法。

第一，同物组合思维。同物组合是把两个功能相同的事物组合到一起的创新性思维方法。

第二，异类功能组合。异类功能组合是把两个功能不同的事物组合到一起的创新性思维方法。

（3）分解思维。分解思维是把一个原有事物拆分成多个事物的创新性思维方法。分解思维大量应用在奶粉、麦片等包装中，是将一个大包装袋中的食物分解成若干个小袋，以方便食用。

（4）类比思维。类比思维是对两个事物的相同性、相似性或者相反性进行比较，通过异中求同或者同中求异，产生创新性想法。主要分为以下类型。

第一，功能类比。功能类比，即把一个事物内在的独特性应用到其他事物上。

第二，形式类比。形式类比，即把一个事物具体的外在特征应用到其他事物上。

第三，幻想类比。幻想类比，即根据人们的虚构想象创造新事物。

（5）借用思维。借用思维指借用其他事物实现预定目标的创新性思维方法。

（6）变通思维。变通思维指无法找到解决方案时，谋求从其他环节入手解决问题的思维方法。

（7）逆向思维。逆向思维指采取与常规思考方式完全不同的角度思考问题，这些角度往往与常规思维对立、相反，是一种反其道而行之的逆向角度。逆向思维往往能够打破常规模式和思维惯性的桎梏，开创出一片新天地。

3. 创新思维的影响因素

创新活动的主体是人，现实生活中每个人都生活在集体中，与周围环境有着密切关系。创新思维的环境与一般的环境不同，是影响人进行创新思维和创新活动过程的一切外部条件，如家庭环境、学校环境、工作环境、社会生产力、政治环境和国际环境都会影响创新思维。另外，创新思维环境还包括进行创新活动的人对外部环境的自我创新环境。

思维定式是人类心理活动的普遍现象。然而思维定式是创新思维最大的敌人。创新本身并不复杂，然而很多人还是很难创新。从客观上看，影响创新思维的因素有以下方面。

（1）惯性思维因素。惯性思维又称思维定式，是由先前的活动而造成的一种对活动的特殊的心理准备状态，或活动的倾向性。思维定式一般与个人的世界观形成存在着内在的、必然联系。由于思维定式具有社会性、阶段性以及知识经验的局限性，在一定的历史时期能够指导个人行为方式的固有模式，然而，当时代需要变更创新、新旧交替时又成为其发展的主要障碍。消极的思维定式是束缚创造性思维的枷锁。

（2）线性思维因素。线性思维即线性思维方式，是把认识停留在对事物表面的抽象而不是本质的抽象，并以这样的抽象为认识出发点的、片面、直线、直观的思维方式；是一种直线的、单向的、单维的、缺乏变化的思维方式。线性思维方式有两个基本特点。①把多元问题变为一元问题。事物之间的复杂联系往往是多元的，线性思维模式要求把其中一个问题突出，把其余问题撇开予以处理。②用一维直线思维来处理一元问题，使之成为具有非此即彼的答案。

4. 创新思维的培养理念

问题是思维的起点，创新思维总是指向具体问题，包含解决问题的过程。因而，创新思维与问题解决之间有着密不可分的联系。创新思维过程从对问题情境的分析开始，从思维的不同方面探索情景的各种结构因素，进而厘清结构因素之间的内部联系情况，再从不同层次的"为什么"进行发问，由浅及深，由表及里，层层深入，最终解决问题的实质。

创新能力的养成主要取决于两方面因素：一是主观上有敢于创新、想创新的意识和愿望；二是客观上有创新技巧和方法。创新意识的培养是一个长期的过程，可以通过以下途径增强创新思维意识。

（1）解放思想。已有的知识只是人类已经认识到某些客观事物的规律，并不是客观事物的全部。创新思维要打破陈规，敢于想象，发掘新的知识和规律。

（2）克服从众。人类是合作共存体，遵守游戏规则、见贤思齐、从善如流是必要的，但是创新需要改变，需要破旧立新，产生新的内容和特点。所以，在创新过程中要敢于怀疑、批判已有的事物，要有独立思考的意识。

（3）突破定式。不要按照已经形成习惯的固有思路或者仅凭过去经验进行思考，而是需要开辟新路，全方位思考。例如，什么东西具有黄、圆、酸的特征，从常规思维出发，通常先从味觉上判断，想到橄榄、杏子、橘子等自然生长、可以食用的物质。若能突破思维定式，可以想到人工制造的、可以食用的物质，如维生素、酒精、药丸等具有黄、圆、酸的特征。

5. 创新思维的训练形式

（1）逆向思维的训练。逆向思维也叫反向思维、反转思维，是指从事物的反面去思考问题的思维方法，其特点是改变惯常思维方式，从相反方面来认识事物、思考问题。由于这种思维突破了人们考虑问题的思维方式，因而往往能够获得惯常思维所不能取得的成效。这种方法常常使问题获得创造性地解决。创新，有时候不是突如其来的天才想法，而是正确思维方法的必然结果。常用的逆向思维训练方法如下。

第一，结构逆向。比如，手机都是正向显示的。如果把画面反转过来，这样把手机放在汽车仪表盘上，导航软件的画面反射到前挡风玻璃上，就成了正面，就不必低头看手机了。

第二，功能逆向。比如，保温瓶的功能是保热，"逆向思维"思考后——它可以保冷，于是就有了冰桶。

第三，状态逆向。比如，人走楼梯，是人动楼梯不动，如果把这个状态反转，人不动，楼梯动，于是就有了自动扶梯。

第四，原理逆向。电动吹风机的原理是用电制造空气的流动，方向是吹向物体，逆向利用这个原理，空气还是流动，但是方向相反，电动吸尘器诞生。

第五，序位逆向。序位逆向，就是顺序和位置逆向。比如在动物园，是把动物关在笼子里，人走动观看。如果把这个状态反过来，人关在笼子里，动物满地走。于是就有了开车游览的野生动物园。

第六，方法逆向。比如，古代司马光砸缸救人说明了逆向思维的作用。通常从大水缸里取物、救人只可由缸口打捞，或者将水缸放倒，而不损坏水缸。司马光砸缸救人就是运用逆向思维砸缸救人。

（2）批判性思维的训练。大学本科教育中，培养学生的批判性思维能力十分重要。批判性思维能够带来工作和生活中的创新，有助于发现问题、构想解决方案、全面思考、改变和调整；培养自身的创造力；形成公共说理的理性社会。

常见的批判性思维训练方法包括：①发现和质疑基础假设，这是批判性思维的基础；②检查事实的准确性和逻辑一致性；③关注特殊背景和具体情况；④寻找其他可能性。

批判性思维的应用方法很多，常见的典型方法有：理解论证所涉及的论题、关键概念、立场和观点；辨别和分析论证的论点、主要理由及其逻辑关系，图解论证结构；能否定义论证中的关键词，澄清主要论题的精确含义；评估前提和理由的真实性或可接受性；评价推理关系，审视它们的相关性和有效性；挖掘隐含假设，挖掘和拷问论证中隐含的前提、假设、含义和后果；反驳无效的论证及其谬误，追寻真理，建构替代论证，得出一个更全面和更合适的结论。

（三）创新方法

1. 试错法

试错法是一种系统方法，主要以试验及消除误差的方式不断加深对黑箱性质事物的认识。动物在其行为中会无意识地使用这种方法，人类则是有意识地使用这种方法。试错法也是一种学习方法，是通过不断试验获得经验的过程。应用这种方法的主体，在试错的过程中根据实际情况间歇或持续改变黑箱系统参数，在不同参数作用下，黑箱给出不同的反馈，以此反复直到寻到答案或接近答案。主体行为是否有效一般通过两个指标评价：一是接近目标的程度；二是实现阶段性目标的过程。当主体获得接近目标的反馈时，主体会持续原来的行为；当主体得知偏离目标时，主体会停止原来的行为。如此行动及反馈，主体会不断接近目标。

试错法的特点包括四个方面：①以解决问题为导向；②针对特定问题；③不追究最佳答案；④对知识要求不高。也就是说，这种方法不要对问题相关的知识有丰富的积累。试错法是要完成猜测以及反驳两个步骤。

（1）猜测。猜测是第一步，主要目的是发现并更正问题，并为反驳与更正提供基础。可以将猜测理解为怀疑，但不是漫无目的怀疑，而是一种有意识、带有科学依据的怀疑。认识来自两个方面：一是来自观察与社会实践；二是来源于已有的知识。毋庸置疑，已有的知识需要选择性地被利用，并在一定程度上可以对其进行批判。这也正是猜测存在的意义，不断修正、扩充已有知识。

通过观察、实践等方式，我们积累了一定的事实材料，对事物有了一定的认识，但无法把握事物全貌。在这种情况下，事物本质不可能自动呈现在我们面前，我们需要积极探索，并且对探索的结果做进一步的猜测与审查，不断证实结果的正确性以及发现新内容。猜测需要与直觉、想象相融合，也就是说猜测与创造性思维密不可分，即便如此，猜测不是胡编乱造、随意想象，不仅要尊重客观事实，还要满足以下三个方面的要求。

第一，简单性要求。指的是以猜测得到的想法要通俗易懂、简单明了，既能让人理解其与旧知识关系，也能让人明白创新之处。

第二，检验性要求。通过猜测得到的项目不仅能够解释我们需要进行解释的事物，还应该包含新推论，并且这些新的推论要能接受检验。这就与撰写分析报告的情况类似，我们的分析报告一般包括已取得的成果与不足，对于不足之处，会提出新观点，表达新观点中重要的意见或结论。

第三，尽可能达到目标。猜测的主要目的是寻求新的认识并且形成新的理论，如果没有达到这些目标，并且认识理论不能长期有效，那么猜测就没有意义。

（2）反驳。在猜测之后要进行的就是反驳。反驳的主要目的是排除猜测结果的错误。可以将反驳理解为批判，不断对猜测的结果进行挑错、确认错误，直至排除错误的一系列过程。只有排除错误，对世界的认识才能够持续提高。因此，从这个角度来看，动物可以发现错误，相比动物，人类的高明之处体现在能够排除错误，不至于像动物一样，陷在错误中走不出来。"从错误中学习"是反驳的本质，反驳也推动了人类的前进、社会的发展、科学的进步。

试错法是将猜测、反驳进行了有效融合。与假说法存在着相同之处，也存在着一定的差异，相对来说，假说法是正面的，试错法是反面的。假说法主要是寻找证据支持预先设立的假说；试错法则是试图寻找能够对已有的认识进行反驳的例子，然后再推翻这些例子，进一步确认认识的科学性。在实际活动中，二者可以交叉使用，保证我们提高认识的准确性。

2. 学习迁移与顿悟

学习迁移理论的目的是理解事物的关系，对该理论进行再认识、再理解。学习迁移理论并不是对经验类的否定，而是重新认识了"顿悟"与迁移的关系，认为前者是后者的决定因素之一。两个学习情境之间存在共同因素并不能产生迁移，迁移的产生来源于学习者对学习经验间关系的认识。以此为基础，迁移与顿悟可以理解为认识到两个情境的关系。

关系转换理论主要论述了学习主体、认识事物以及迁移产生之间的关系，这种理论的主要观点是，迁移是否产生以及产生的难易程度，与主体认识事物以及事物之间关系的深刻程度有关，当认识越清晰，迁移发生越容易。

人以及部分高级动物能够认识事物以及发现事物之间的关系，并且通过顿悟处理问题，这种能力是与生俱来的。认识事物、处理问题的过程可以脱离练习、经验来完成。通过观察大学生的学习与生活，我们发现顿悟产生的快慢与个体面对问题的熟悉程度有关，也就是说，越熟悉的问题，产生的顿悟越快，反之面对不熟悉的问题，一般还需要进行不断的试错。以解决象棋残局为例，如果是一位经验丰富的象棋大师，他面对陌生的象棋残局，想出破解方法的速度要比新手快，而且绝大多数情况下，新手需要不断尝试才能找到破解的方法。我们不能将顿悟理解为一种学习形式，它是不断学习积累的结果。顿悟的产生需要不断的试错及经验的积累。

3. 六项思考帽法

六项思考帽能够为全面思考问题提供一个基础模型，是一种"平行思维"工具。关注的重点是提供解决方案、探寻发展思路，并不以谁对谁错为讨论核心，可以有效提高沟通的效率、避免无谓的争执。应用这种工具，能够厘清思路，将无意义的争论变为有价值的讨论，提升人们的参与度，提供建设性的意见，能够充分发挥出团队中个人的能力。六项思考帽是一种思维工具，能够对人际沟通提供基本的操作指导，进而促进团队智商、效率的提高。在实际应用中，这种工具操作简单，并且能够增加人们的热情，赋予人们勇气与创造力，让会议、讨论、报告以及决策过程不再单调、枯燥，充满新意与生命力。从实际操作层面，六项思考帽可以实现以下五个目标：

（1）提出具有指导性的建议；

（2）学会倾听，更愿意聆听其他人的观点；

（3）与其他人思考相同问题时，能够站在不同的角度进行分析，提出的方案更具有创造性；

（4）以"平行思维"看待、思考问题，从而规避批判性思维以及垂直思维带来的问题；

（5）让团队成员充分参与讨论，积极提出自己的观点。

人们对六顶思考帽存在着一定的理解误区，其中最大的误区是，有的人认为这种工具只是把思维划分为六种颜色，实际情况是，当人们应用这种工具的时候，核心应该考虑帽子的顺序，即代表着思考的流程。因此，学会组织思考流程，才能真正理解这种工具的核心应用方法。

帽子顺序的重要性在日常工作中就可以体现出来，以写文章为例，在写文章之前，作者应该先构思文章的结构，并且列出提纲，这样能保证自己言之有物，不至于混乱不清；再以程序员编程为例，程序员编写程序之前，应该先设计各个模块之间的关系。思维也是如此。六顶思考帽法对思维类型进行了定义和划分，同时考虑了思维流程结构及其影响。因此，它不仅能够促进团队协同思考，个人应用该工具时也能获得巨大价值。

当需要制订任务计划时，可能会出现两种情况：一是没有思路，头脑一片空白，不知从何开始；二是想法过多，思维混乱，理不出头绪，造成淤塞。无论是哪种情况，都可以使用六顶思考帽工具，为计划制订者列出思考提纲和思考流程，并且能够按照一定的次序，理顺计划制订的思路。因此，应用这种工具，人们的头脑更加清晰，做事条理也更加清晰。

团队经常召开各式各样的会议，讨论会议一般是团队成员就某一问题发表自己的看法，以期得到解决问题的一致方案。在这种会议中，成员之间的思维、观点相互碰撞，由于各种因素，成员之间很难形成统一的意见，这种情况不是外在技巧不足导致的，而是来源于成员对彼此的观点不赞同。如果能够应用六顶思考帽就能够有效解决这一问题。当团队成员以蓝帽为指引，依据特定的框架进行思考，并且有序发言，不必要的冲突就能够避免，成员之间的讨论也更有效，对问题的理解也能够更加透彻。因此，在讨论性质会议中使用六顶思考帽法能够大幅度提高会议效率。

另外，这种思考模式也为书面沟通提供了有效基础。以管理电子邮件为例，这种模式可以用于报告书的整理以及文件的审核。该思考模式不仅对于工作及学习有效，对于家庭生活也能起到很好的效果。很多团队不允许团队成员的思维模式多样化，只是让他们接受固定的模式，直接影响了团队的协作以及问题处理。当在团队中使用六顶思考帽法，成员的思维模式就可以变得多样，不受固定模式的影响，思考帽是六种思维角色，并不针对表演者本人，不仅能够运用于个人行为，也能够让团队成员的讨论更加激烈。

4. 头脑风暴法

从心理层面来讲，大学生群体中的个体容易相互影响，导致少数服从多数现象的出现，这就是所谓的"群体思维"，它在一定程度上削弱了群体的创造力和批判精神，从而降低了群体决策的质量。因此，必须不断执行和完善改善群体决策的方法，以保证群体决策的科学性、合理性以及创造性。经过实践检验，这些方法中较为典型的方法之一就是头脑风暴法。

（1）头脑风暴对创新思维的激发。精神病理学理论认为，精神病患者精神状态所表现出来的错乱感即为"头脑风暴"。后来，"头脑风暴"一词又用于代指在激发新观念、创新设想的产生而进行的自由性和无限制的联想与讨论。在大学生群体决策过程中导入头脑风暴法，主要体现在将有关专家聚集起来召开专题会议，主持者将会议问题、会议秩序等内容以一种清晰明确的方式传达给参与者。而为了确保会议氛围的和谐融洽，专家们往往会畅所欲言，提出各种参考方案，以替代意见的发表。具体来讲，在激发大学生创新思维方面，头脑风暴主要体现在以下四个方面。

第一，联想反应。新观念的产生离不开联想过程，当大学生以集体的形式出现，围绕同一问题进行探讨时会提出不同的观念，每一个个人观念都能引发其他人的联想，继而在这种相互作用和相互影响过程中，形成连锁反应的新观念，这些新观念都可能是解决问题的创造性方法。

第二，热情感染。排除各个限制因素，在激发人的热情方面，大学生对问题的集体讨论具有重要作用。具体来讲，当大学生的言论自由权得到充分尊重时，大学生的发言也会相互影响，其思维也会相互碰撞，为创造性思维能力的发挥创造条件。

第三，竞争意识。在竞争意识的影响下，为了分享独到的个人见解和创新想法，人们的发言主动性也会得到有效激发，大脑思维活动的活跃度会得到大大提高。从心理学的层面来讲，人人都有好胜心，这种心理会在竞争环境中表露无遗，人的心理活动效率也会得到提升。

第四，个人欲望。个人的欲望在大学生对同一问题的集体讨论过程中能够得到充分尊重，保障这种自由不受任何因素干扰是集体研讨过程中极其重要的一点。在头脑风暴法中，对于仓促发言不得予以批评、不得表现出质疑的表情、肢体动作等，这是非常重要和必须坚守的原则。在这种原则的规范下，个人的表达欲望就得到了有效激发和利用，从而产生大量的新观念。

（2）头脑风暴的满足条件。头脑风暴法可以将折中方案排除在外，从而客观、连续地分析所讨论的问题，确保执行方案的可操作性，所以，在民用决策和军事决策中，头脑风暴法得到了广泛的认可和普及。但需要注意的一点是，实施头脑风暴法需要较高的时间成本、经济成本，更加需要参与者必须具备较高的素养，这些既是头脑风暴法开展的前提，更是其效果的保障。

而除了程序上的要求，探讨方式对于一次头脑风暴结果是否成功也具有直接影响。总体上来讲，若想确保充分交流的无偏见、非评价性，应当满足以下四个条件。

第一，自由畅谈。所谓畅谈的自由化就是彻底摆脱各种条件的束缚，实现思想层面的放松，给思维以绝对的自由发挥空间，确保参与者可以拥有不同方位、不同层面的想象空间，从而提出带有个人色彩的真知灼见和创造性观点。

第二，延迟评判。在现场，对于任何设想不作出任何评价，是头脑风暴必须坚持的基本原则，这里所说的"不评价"指的是对某个设想既不肯定，也不否定，同时也不发表任何个人性质的评价。等到会议结束以后，才允许各种评价和判断。这种规则，首先保证了与会者的积极思维不受任何外界因素影响，避免自由化的畅谈氛围被打破，其次可以使与会者的注意力集中在设想的开发上，确保了整个讨论流程的有序和有效，以及创造性设想的大量产出。

第三，禁止批评。头脑风暴法要求所有与会者必须坚持的一个重要规则就是不允许对其他人的想法进行批评，这是因为他人的批评会直接影响与会者的设想开发和思想表达，使与会者的创造性思维得不到充分调动。与此同时，发言人的自我批评也在禁止范围内，这是因为部分人可能会因为自谦而说一些自我菲薄的评论性言语，这对于积极向上、畅所欲言的会议氛围都将是沉重的打击。

第四，追求数量。产生大量的设想是头脑风暴会议的目标，而对数量的追求则是其首要任务。因此，所有参会人员必须提高思考效率，在有限的时间内尽可能提出更多的设想，等到会后的设想处理阶段再去考虑这些设想的创新性、可操作性和有效性，并对其进行筛选。通常来讲，设想的质量与数量为正相关关系，即数量越多，质量才有可能更好。

（3）操作程序。

第一，准备阶段。准备阶段的工作主要包括两方面。①研究所议问题。这一环节主要由策划与设计的负责人参与，通过对问题的分析研究，要精准把握问题的本质和核心，在此基础之上找出问题的解决办法，以确保目标的最终实现。②参会人员的选定。在确定完参会人员之后，还要向其传达会议的基本信息，如时间、地点、议题、参考资料和设想，以及会议预期达到的理想效果等。

第二，热身阶段。热身阶段的主要内容在于为参会人员参加会议营造一个和谐、放松、自由的会议氛围。当主持人宣布会议开始后，需要将会议规则制度予以告知，而后就是活跃参会者思维的阶段，通常主持人会选择一些有趣的话题分享或问题讨论，来让大家放轻松。当主持人所提出的有趣话题与会议议题存在某种联系时，这就完成了会议主题的导入工作，参会者在思想放松的前提下参与讨论，也会使会议收到预料之外的效果。

第三，明确问题。这一环节主要是主持人对会议待解决问题的简明介绍，需要坚持简洁明了的基本原则，不可做过多的赘述，否则就会对参与讨论的人造成先入为主的思想，无法打开思路，提出创造性建议。

第四，重新表述问题。经过一段时间的思维碰撞和意见交流，参会者会建立对问题的初步告知，而为了继续加深大家的理解和思想解放，使这种整体感知升华为新思想、新观念，就需要主持人或记录员对大家的发言进行记录，并进一步整理发言记录。整理工作结束后，要筛选出见解独到、富有启发性和创新性的发言，为接下来的畅谈阶段提供参考依据。

第五，畅谈阶段。畅谈阶段是创新想法的迸发阶段，而为了激发大家的创新思维，需要遵循相关原则：①为了集中注意力，明令禁止私下交谈行为；②个人只负责个人想法的表达，既不能对他人发言进行妨碍，更不能对其进行评论；③一次发言只表达一种想法，确保见解发表时的简洁明了。为此，在会议开始之前，主持人应当就这些规则向大家解释清楚，在此之后再引导大家各抒己见、畅所欲言、交流碰撞、思想共享，只有这样才能确保讨论结果，在这个过程中，需要做好会议发言记录的整理工作。

第六，筛选阶段。为了对会议记录进行补充，主持人通常需要在会议结束后的一到两天内，再次了解参会人员的新想法和新思路。在此基础之上，完成个人想法的方案整理工作，并依据可操作性或创新性或可识别性等标准规范，对这些方案进行多次反复筛选和对比，从中选出1~3个最优方案。通常来讲，最优方案直接反映了集体智慧，因此是多种创意的优势组合。

三、创新能力的培养内容

创新人才的培养是一个国家政治、经济和社会发展不可缺少的条件，离开人才的支撑，发展将失去动力。创新人才不是天生的，是高等教育的成果。高等学校作为培养高素质创新人才、实施知识传授和技术创新的基地，应责无旁贷地挑起培养具备高度创新能力的高素质人才的历史重任。当今世界各地的教育家一致认为，培养学生的创新能力是现代教育的首要目标，也是社会变革与进步的一个重要指标。

根据人的创新能力的作用方向和实践领域的不同，人的创新能力可以分为理论创新能力、方法创新能力、知识创新能力、技术创新能力和制度创新能力五个基本方面。

(一) 理论创新能力

理论主要指从对事实的推测、演绎、抽象或综合而得出的一系列原理或概念。人类在理论上的创新：是指人结合社会发展和科技进步对已有的认识进行整合分析，对原来的认识进行修正或者继续坚持，在研究新情况和总结新经验的基础上形成新的认识；是人于改造客观事物实践之前，在思维上对目标事物进行改造。

在理论领域上发挥人的创新能力，可以增强理论自身的说服力和战斗力，对新实践中迫切需要解决的问题进行理论上的推演，可以增加实践成功的概率，节约付出成本，从而不断推进实践向前发展。

在许多情况下，理论是要先行实践一步的，不间断地拓展理论创新的空间，发现新真理，这是实践发展的内在要求。实现理论创新向实践创新的转化，是理论创新的最终目的，也是理论创新普及化的客观要求。就源头性而言，理论创新是知识创新、技术创新、制度创新和其他一切创新的基础和灵魂。理论创新会带动文化创新进而影响意识形态，有利于与时俱进地确立先进的执政理念，时刻掌握意识形态领域的话语权，理论创新对社会发展有直接的促进和指导作用。有什么样的理论，就有什么样的实践方向和相对效果，理论必须走在时代的前面，才能持续引领实践。

为了更好地进行理论创新，我们要转变思维方式，思维方式应从原来固有的封闭性思维转向开放的发散或逆向思维。思维方式的改变是理论创新突破的基础。任何一个理论都只有在其是一个开放的体系时，才具有包容力和成长力，否则理论就会封闭、退化。只有营造一个良好与宽松的环境，才能有助于人的理论创新成果。

(二) 方法创新能力

方法创新能力，是指对原有的方法、流程以及规划进行创新的能力。没有这种创新能力，理论创新便会是永远落实不到位的空想战略。

方法创新要求人的理念向有利于创新的方向转化。在理念引导下，并有正确目标，方法创新才能带来职能创新。创新本质上是一种对事物内在联系的新发现或是知识信息内在结构相关因素的重新组合，对智力资源的重新配置就需要人发挥方法创新能力，使创意想法变成可以有条不紊实现的方法规划。方法属于实施前的准备工作，从这一点上看，方法本身就具有预见性、面向未来性和不确定性，同时，方法具有全局性和整体性的特点，故而，方法的制订对人的智力、信息综合、预知预见以及临机决断等能力要求很高。

方法的特点决定了制订方法需要灵活，具体情况具体分析，方法制订有时需要从大局进行战略性指导，因为情况总是在变化之中，太刻板、细化的方法不利于前瞻性和机动性的特点，更是决定了方法创新的经常性和灵活性，这也决定了方法创新较之其他几类创新，具有更大的难度。有时方法的指定在关键处又需要细化，这样才能保证方法在实践中的还原度。

方法是连接理论创新与实践创新的桥梁，从个人的事业规划到集体的职能转变，再到国家或民族的战略调整，这些都需要发挥方法创新能力，以便及时调整实践中的行动方案，做到应时迅变，从而使配置最优，避免事倍功半或南辕北辙的结局。为了更好地发挥方法的创新能力，一方面，要把握社会发展和理想目标的变化趋势；另一方面，也要充实各类知识，以适应职责变动的需要。在运用这一创新能力的同时，要充分与逻辑思维能力相结合，以便将横向和纵向的线索进行整合排列，得到正确有效的方法与方案。

（三）知识创新能力

知识是客观事物的属性与联系的反映，是客观世界在人脑中的主观印象。随着时代的发展，人们越来越认识到科学知识对人的重要性，科技生产力已经成为生产力、竞争力和经济发展的关键，成为创造性生产活动的驱动力。

知识创新能力体现了探索、发现和更新知识的能力，是知识生产力的先导。知识经济时代的本质表明了先进生产力的定向、定性和定位都应该体现在科学技术的更新上，因此，科技进步的强大生命力为经济发展的可持续性提供了可能，也使代表先进生产力的思想具有可操作性。

随着时代的变迁，知识的性质也在发生改变。它已经从客观的、可表述的知识变形为主观的、构建性的知识。这种改变客观的要求必须重视发挥知识创新能力，以应对时代变化提出的新要求。运用知识创新能力对落伍的知识进行更新，对传统知识进行升华，对急需知识进行填空，进而为人类社会进步提供动力。要提升知识创新能力，在当今知识日新月异的环境下必须不断补充和更新自己原有的知识，才能跟上时代的步伐，因此终身学习已成为个人立身社会不可或缺的支撑点。

在知识经济时代，知识成为发展经济的主导力量，并已成为生产力的驱动因素和先导因素，而知识生产力向现实生产力转化的能力又取决于创新能力的高低。知识和能力是互相促进，互为依托的，没有知识的能力很难达到先进性层次，而不利用知识去进行创新是禁不起考验的。知识是人脑创造的产物，同时又是人进行创造的原料、工具和基础，是人具有创造能力及其力量的源泉。整体上讲，发挥人的知识创新能力，其方向是将单一学科的知识点、知识线和知识面转向多学科交叉的知识环、知识链和知识圈。

（四）技术创新能力

技术创新是指技术上的改进和物的突破，也指在工具领域把某事物的功能作用从不可更改的变为可更改的。改进旧系统和创造新系统的技术创新与技术发明，是利用科学理论改造自然和造福人类的实践活动。科技知识只有外化和物化为推动经济发展的新技术、新工艺、新服务与新产业，才能转化为现实的生产力，才能现实地成为影响社会发展的主导力量。

技术创新的重要意义无须多言，"科学技术是第一生产力"已成为深入人心的一句口号。从我国现实来看，我国解决社会基本矛盾需要大力发展生产力，因而，加大科技创新的力度是当务之急。从历史发展的角度看，技术创新让人的力量变得强大，使人拥有了征服自然的工具和能力，而且技术创新也极大地推动了人类社会的发展。科技进步可引发社会变革，甚至推动人类社会形态的前进，并改变世界格局，变成对精神发展创造必要前提的最强大的杠杆。

技术创新能力比起上述其他领域的创新能力，更有据可循，它所使用的方法侧重于经验和试验，要求的是实用、经济、有效以及可行。

在早期阶段，技术创新方法已经通过标准、手册等规范，变成可以通过课堂学习和现场见习方式进行传授的技巧。随着技术的发展，技术创新方法进一步严密化、精确化和程序化，其中的大部分已经可以利用机器和公式来进行，避免了人的大量重复劳动，使人的智慧集中到更复杂、高难度和创造性更强的关键问题的解决，提高了工作效率和成功率。

技术创新能力是最为显化的创新能力，也是终端的创新能力，故而技术创新能力被许多人在实践活动中直接等同于全部的创新能力。正确的态度应该是恰如其分地看待科学和技术上的创新。如果说科学技术是知识经济的生命线，那么，人及其所依存的社会文化形态则是科学技术的生命线，而先进的思想、高尚的情操以及坚强的意志等精神因素，就是生命线的生命线了。所以，在知识经济时代，不能一条腿走路，技术层面的创新固然重要，但是必须和其他方面紧密结合起来，才能实现持久、快速、健康以及有序地发展科技、经济与社会。

（五）制度创新能力

制度创新能力是对政治、经济、文化、科技以及人才等方面的管理总模式进行改革、创新和完善的能力。计划经济时代的体制，由于民主性、多元性、宽松性、自创性与交叉性的不够，严重影响了人的创新能力的发挥，只有从制度上革新，才能为理论创新、方法创新、知识创新以及技术创新提供保障。

制度对社会的各要素及社会的运行都有着重要的制约与保障作用，只有进行制度创新，才能解放和发展生产力，从而促进社会进步。上层建筑和经济基础对生产力的反作用，决定了制度创新是理论创建的保障。只有创立有利于广大群众发挥创新能力的制度，才能实现整体和全局的创新局面。只有发挥制度创新能力，加强制度创新，使各方面达到配合一致，才能使其健康发展。从制度创新能力的主体来看，制度创新能力发挥的主体不像上述创新能力那样具有广泛性，主要归属于政府部门和权力部门。

在人的创新过程中，创新以理论创新为先导，以方法创新为承接，以知识创新和技术创新为结果，以制度创新为保障，形成了一个有始有终、首尾相援以及自我循环的良性体系。理论创新促进战略创新和知识创新，方法创新和知识创新为技术创新提供了可能。而知识和技术的创新发展到一定程度，必然促使理论和方法产生新的变化。这五个方面的创新能力相互作用和支撑，构成了人的创新能力的全貌。

四、创新能力的培养主体

（一）院校

大学生创新能力的培养是涉及学校教学、科研、管理等诸多方面的一项系统工程。作为培养体系中主要的组织者和策划者，学校及其二级学院要给予充分的重视，院校领导和各部门要制订必要的政策、管理制度及激励机制并给予财力支持，形成强有力的组织保障，以确保这项工作的有效推进。因此，院校的主体作用主要体现在以下三个方面。

第一，正确的宣传引导。在培养大学生创新能力的过程中，要激发教师和学生的兴趣，调动师生的积极性，学校及其二级学院必须进行正确的宣传和引导，鼓励教师开展教学改革，鼓励学生参与到教师的科研工作中。

第二，组织实施。为规范有序地引导教师和学生加入到创新实践中，推动大学生创新能力的培养，学校及其二级学院必须建立完善的规章制度，包括指导教师的奖励制度、参与学生的奖励制度以及项目实施办法等。依据规章制度，对项目全程实施进行有效的监督和管理。

第三，经费投入。大学生科技创新能力的培养需要学校及其二级学院的资金投入，包括教师科研经费、大学生科研项目经费、组织学生参加各种大赛所需经费、实验室及设备、材料费等。

（二）教师

教师是培养体系中的主要执行者，尤其在培养大学生科技创新能力过程中具有重要的主体地位。①大学生创新创业实践项目需要教师的指导，包括项目选题、研究思路、研究方法、实施过程以及论文撰写。教师的科研水平及素质直接影响着学生的能力培养。②教师可有效地将科研实践与教学融合在一起，将大学生实践成果展现在教学工作中，开展教学改革，完善教学手段，既能够提高教学质量，又能激发学生参与科研实践的兴趣，有利于培养大学生的创新能力。

（三）学生

大学生是训练体系中的培养对象和主要的受益者。通过创新能力的培养，可以从三个方面提升学生的能力：①拓宽大学生的知识面，完善其知识结构并使其了解创新方面的知识，培养创新思维，激发大学生的灵感及探究欲望；②由教师和学生共同营造一种探索性、创新性的学习环境，不仅能够培养大学生的科研素质和科研能力，还能够提高其沟通能力、表达能力及团队协作能力；③大学生在本科学习阶段学会将知识的创新、加工和传播融为一体，与未来的研究生教育相互渗透，为未来的发展奠定良好的基础。

（四）实验室

高校实验室是大学生创新能力培养的重要环节，是从事实验教学、科学研究和学术交流的重要场所，是传授知识、培养动手能力、培养科学精神、培养创新思维和创新能力的重要基地。教师和学生的教学、科研实践活动依赖于雄厚的实验室资源，包括良好的实验环境和氛围、先进的实验设备以及经验丰富的实验技术人员。

作为高校的重要机构，实验室提供各种材料与设备，使教师和学生能够利用先进的实验教学资源开展教学和科研工作，从而能够更好地掌握理论知识，并通过实践过程激发大学生的创新意识。因此，创新的源头在实验室，科技创新离不开实验室，实验室为锻炼大学生的动手能力和培养创新能力提供了良好的条件。在知识经济时代，高校实验室已经成为培养创新人才的重要基地。

五、创新能力的培养体系

大学生创新能力的培养是一项复杂艰巨的系统工程教育，既需要具备扎实的基础知识，也需要一个循序渐进、有针对性的训练过程。因此，创新能力培养训练体系的构建必须贯彻整个实践教学的全过程，从课堂教学到课外实践活动、从构建基础理论和专业知识体系到科研能力的培养，从而激发大学生的创新意识，训练大学生的创新思维，最终达到全面提升大学生创新能力的目的。因此，大学生创新能力培养训练体系的构建主要分为训练创新知识与思维方法、训练实践创新能力以及训练科研意识与综合能力三个层次。

（一）训练创新知识和思维方法

1. 开展探究式教学，构建创新知识基础

创新，是继承基础上的创新，需要对前人理论的批判性继承，没有继承，创新便失去了根本，成为空谈，就像没有批判就不存在创新一样，人类总是在不断地自我否定中前进的。这就要求创新主体必须学习、学习、再学习，要知其然，更要知其所以然，掌握扎实的基础知识，构建合理的知识结构。课程教学是大学生获取基础知识和专业理论知识的最基本途径，课堂成为启发大学生创新意识和培养大学生创新能力的主要场所。因此，要在教学理念、教学内容和教学方法三个方面进行改革，以适应大学生创新能力的发展。

转变教学观念：创新需要基础，而这个基础是否坚实，取决于学生是否会学习。因此，课堂教学改革目标应该变传授知识为帮助培养，并形成适合自己的学习方法。而教师首先要做的就是转变观念，在教学中运用先进的教育思想，为培养学生的创造能力提供一个自由发挥的舞台。改进教育教学模式是当代教育实现其自身发展的必然要求。

改进教学方法：为了提高课堂教学效果，可以在教学中最大限度地引导学生参与教学活动，使之由被动地吸收变为主动地探索，尊重和激发大学生的学习主动性。教师可采用案例式、问题式或探究式教学方法，引导学生自主发现问题、探索问题并解决问题。通过这样的教学方法，学生会得到思维方式的训练，提高获取知识的能力，进而提高大学生创新能力。

深厚的理论功底和文化储备是创新主体应有的基础条件，是创新活动中的力量源泉。掌握渊博的知识，具有深厚、丰富的文化底蕴，不仅可以开阔视野，打破学科之间的界

限，激发创造性思维，还可以铸造人格，给人以超凡的智慧、才华和胆略，造就创新者的气度。

2. 启发式训练，培养创造性思维

创造性思维连接着学习和实践，人类的知识可以传承，实践方法可以学习，而创造性思维是无法教出来的，只能在实践中锻炼和培育，并存在于整个创新过程中。因此，可以通过启发式训练，营造良好的创新氛围，从而有利于大学生创新思维的形成与培养。

营造良好的创新氛围首先需要创新精神做主导，形成自由、和谐和民主的环境，使学生在这种氛围中能够充分展示个性，激发和培养创新精神。可以通过搭建由教授、青年博士教师和学生共同参与的"博士论坛""学术沙龙"和"大学生科技节"等创新交流平台来营造创新文化氛围，唤醒学生的创新个性，侧重于创新知识与创新思维的形成。

"学术沙龙"：通过教师与学生的共同参与，交流学术思想和见解，激发学生的创新意识，锻炼学生的创新思维，从而提高大学生的创新能力。"学术沙龙"为教师和学生提供了一个很好的平台，开展学术交流，充分发挥学生思维的多样性和创造性，使学生在学术交流中锻炼和培养创新思维及能力，学生的积极性和创造性得到充分的尊重和鼓励。

"大学生科技节"：通过开展各种形式的活动鼓励学生参与到科研实践和各种竞赛中，充分展示大学生的创新意识、创新思维和创新成果，通过这个过程使学生置身于探索创新的学术氛围中，进一步强化大学生的创新意识，训练并提高大学生的创新能力。

综上所述，创造性思维是大学生创新能力培养所需最重要的心理素质，通过调动已有的知识、能力和天赋，理性地考察现实，按照新的思维角度和思维方式实现对现有的观点和知识的超越和突破，进而产生新的观点、新的知识和新的方法，实现创新。

（二）开辟第二课堂，训练实践创新能力

掌握扎实的理论知识和丰厚的文化底蕴可以使大学生在实践中融会贯通，准确地找到创新的切入点。创新是一个"厚积薄发"的过程，如果说知识的储备和实践是厚积的过程，创造性思维则是薄发的时刻，是创新的实现形式。大学生在实践中发现问题、提出问题，是激发创新意识的基础。因此，通过组织课外实践活动等方式开辟第二课堂，丰富知识，拓宽视野，为学生提供实践创新的平台，培养大学生的创新实践能力。

1. 社团活动

学生社团是培养大学生创新能力的重要平台。高校社团为学生提供了一个能自主学习和形成创造力的宽松环境，为培养和提高大学生创新能力打下了良好的基础，这是课堂教

学无法替代的。大学生在课堂教学上的被动学习方式不利于创新素质的养成，只有在通过教学改革的同时，积极参与学生社团这样的第二课堂实践活动，才能够锻炼学生的观察力、想象力和创造性思维，构建独特的知识结构，从而开发和培养大学生的创新素质。高校社团活动为大学生提供了充分展示自我的平台，激发了学生创新精神和积极性。在这种环境与氛围中，大学生能够将理论知识与实践有机地融合在一起，这不仅有利于学生掌握和理解理论知识，还能够提高发现问题与解决问题的能力，并逐渐在实践活动中实现创新。

因此，高校对大学生创新能力的培养需要第一课堂的理论教学与第二课堂的实践教学的有效结合，而开展学生社团活动就是一种促进理论教学的创新实践活动。学生社团为大学生提供了参与实践活动的广阔舞台，使大学生在参与的过程中获得自我认知，提高自身能力，激发创新精神。根据国家提出的创新型人才的培养目标，高校不仅需要积极开展教学改革，更好地提高课堂理论教学的效果，还要充分利用学生社团这一重要的第二课堂资源，使其能够充分发挥培养和提高大学生创新能力的作用。

2. 社会实践

组织学生参加社会实践，是对课堂教学的有益补充，对高校创新人才的培养具有重要的作用。21 世纪是知识经济时代，其灵魂就是创新。随着经济的高速发展、社会的不断进步，国家需要大量的创新型人才。社会实践是形成创新意识和创造能力的能动过程，是推动大学生探索新事物、形成创新精神和创新思维的动力。高校是培养创新型人才的圣地，要充分利用社会实践活动培养出适应社会、为社会做出贡献的高素质创新人才。只有让大学生走出课堂步入社会，在实践中检验课堂上所学的理论知识，在实践中更好地认识自己、展示个性，在实践中培养创新能力，才能成为全面发展的创新型人才。

3. 开放实验室

目前高校普遍存在重知识、轻能力的倾向，大学生动手能力差，解决这个问题的方法就是开展实践教学，而实验室则是实现实践教学的场所。通过开放性实验室，不仅可以使学生将课堂理论教学进行实践，从中发现问题，促进学生主动学习与思考，逐步形成创新思维。教师还可以将自己的科研项目开放，设立适合学生的相关实验项目，培养学生查阅文献、阅读资料的能力，锻炼学生的动手能力，提高学生的科研思维与创新能力。因此，通过开放实验室这一有效的实践教学活动，不仅能够提高实验室仪器设备的利用率，同时还可以锻炼学生的动手能力，促进大学生的创新意识、创新精神和科技创新能力的培养。

(三) 训练科研意识与综合能力

科学研究的过程是发现问题、解决问题的过程，涉及一个人各方面的能力，是综合能力的训练和提高的过程，因此，科学研究的过程是培养创新能力的重要途径之一。大学生的科研能力训练和创新能力培养是大学本科教学的核心环节，大学生要从参与教师的科研实践逐渐过渡到独立申请并开展科研项目，训练科研意识与综合能力，提高创新能力。

1. 参与教师科研，训练科研意识

近年来，在"高等学校大学生实践创新训练计划"的支持下，我国高校涌现出很多大学生积极参与到科学研究和技术开发等创新实践活动中。这些计划的主要目的是培养本科学生学习并自愿参与到教师的科研工作中，有利于发掘大学生的创新潜力、培养大学生的创新精神，提高大学生的创新能力。学生通过参与教师的科研项目，可以了解到学科的发展动态和前沿知识，有利于形成合理的知识结构，为培养大学生创新能力打下扎实的基础。此外，在教师的指导下开展科研活动，大学生不仅能够学到正确的研究方法，训练科研意识，还会受到指导教师潜移默化的影响，培养良好的科研素质，提高创新能力和综合实践能力。

2. 独立开展科研，提升创新能力

学生从通过参与教师科研项目逐渐过渡到独立开展科研。目前，很多高校鼓励大学生申报各级、各类科研项目，设立大学生科研基金和各种奖励制度来激发学生从事科研训练的积极性。大学生通过申报科研项目，独立完成研究过程，并获得研究成果，既提高了科研水平和团队协作能力，也提升了创新能力。

从事科研工作是具有挑战性的，能够独立完成科研工作的学生需要有锲而不舍、百折不挠的意志以及严谨踏实、实事求是的作风。因此，通过科研训练，有助于培养学生的社会责任感和科学事业心，培养良好的创新品质。

综上所述，高校要完成培养创新人才的历史使命，一个重要的途径就是构建大学生创新能力培养的训练体系。创新能力的培养是艰苦、漫长的过程，必须注重教学活动过程中每一个环节，才能更好地发掘大学生的创新潜能。构建科学、有效、具有示范作用和推广价值的大学生创新能力培养的训练体系，是启迪创新意识、激发创新思维、提高创新技能，实现大学生创新能力培养的重要载体。

创新能力的培养是一项全方位、渐进性、高质量的系统工程。学生的创新能力培养，是关系到未来可持续性发展的根本性问题。培养和造就富有创新能力的人才，是时代赋予教育的神圣使命。因此，院校需打破招生规模较大、各类资源缺乏、专业类别局限的禁锢，构建科学、有效的训练体系，创造性地开展大学生创新能力的培养。

第六章 大学生求职应聘能力的提升

第一节　就业信息的收集与应用

就业信息是指求职者通过某种途径获得、经过加工整理，能被求职者理解，并对其求职择业有价值的新消息、知识、资料和情报。大学生顺利就业不仅取决于整个社会的政治、经济状况及自身的能力素质，也取决于是否拥有就业信息。因此，积极主动地收集就业信息，认真细致地分析就业信息，科学有效地利用就业信息，就能获得求职、择业的主动权，把握最佳的就业机会。

一、大学生就业信息的要素与作用

（一）就业信息的要素

就业信息包括招聘活动中各行业、企事业单位发布的具体需求信息、岗位的薪资状况、工作内容和职业发展前景等。一般来说，就业信息应该包含以下要素：

第一，工作单位的全称、单位性质、上级主管部门等；

第二，工作单位的发展前景和现阶段发展实力，以及在整个行业中的排名或者在整个社会经济结构中所占的地位；

第三，对从业者政治思想、道德品质、工作态度、学历及学业成绩、职业兴趣、职业能力、职业气质、职业技能等方面的要求；

第四，工作单位的地点、环境、工作时间、个人待遇、福利等的明确规定。

就业信息不是孤立的，而是一个系统工程。国家、用人单位、学校、毕业生等组成信息网络，互为信息源。就国家和职能部门而言，需要提供国家的产业政策、行业的人才需求、高校的专业设置、毕业生人数等；就用人单位而言，需要了解国家关于就业的政策规定、学校的专业设置、毕业生人数、毕业生的能力及素质等；就学校而言，要掌握未来有关就业的方针政策、办法及规定，用人单位的概况及实际需求等；就毕业生而言，要了解国家的就业方针政策、用人单位的概况及实际需求、就业的程序等。

（二）就业信息的作用

第一，就业信息是大学生就业的基础。劳动力市场上的就业信息是供给方和需求方共同提供的供需信息。当就业信息发布和接收相对应时，就可以确认工作岗位。如果这些信息不能有效地传送，就会造成"有业不就，无业可就"的局面。毕业生所获取的用人单位的需求信息越多，其择业范围越大，就业可能性就越大。

第二，就业信息是择业决策的重要依据。毕业生需要掌握大量的就业信息，为科学择业提供决策依据。例如，国家的就业方针，各地方及行业的就业政策、有关就业机构的功能职责，所在院校的就业工作流程等。当然，最重要的还是用人单位的需求信息。

第三，就业信息是顺利就业的可靠保证。毕业生依据自己所拥有的就业信息，经过筛选比较、科学决策，锁定一个或几个相对准确的目标，全面了解这些目标的基本情况，如企业的经营方式、产品结构、市场行情、企业历史和发展前景，特别是要了解应聘岗位的要求。

二、大学生就业信息的收集

收集就业信息是高校毕业生求职择业前的一项重要任务。就业信息越广泛，择业的视野就越宽阔；就业信息质量越高，择业的范围与把握性就越大。

（一）学校毕业生就业指导部门

学校毕业生就业指导部门是学校设立的专门从事毕业生就业工作的机构，是毕业生获取求职信息的主要渠道。在每年毕业生就业阶段，学校毕业生就业指导部门会有针对性地向各用人单位发布毕业生资源信息函，并以电话联系和参加各种信息交流活动等方式征集大量的就业信息。同时，这些部门一般在每年的 10 月至次年的 5 月专门组织各种形式的毕业生就业招聘会，在毕业生和用人单位之间架起一座信息桥梁，从而使毕业生获得许多就业信息。这些信息数量大，针对性、准确性、可靠性都较强。同时，学校还会将收集的就业信息及时加以整理，定期向毕业生发布，使学校毕业生就业指导中心成为毕业生求职择业最主要的信息来源。

（二）媒体与网络

电视、广播、刊物、网站、手机 App 等新媒体经常会发布一些招聘信息和广告，为求职提供较为集中的招聘信息，这种途径最大的特点是受众面广、传播速度快、形式活泼多样和信息传递量大。

网络是兴起的新的沟通传播方式，目前，教育部、人事部门、高等学校毕业生就业指导中心、各高校都在网上开辟了专门网站，毕业生可由此方便快捷地获知就业信息。

（三）各类人才市场

为做好每年的毕业生就业工作，各级各类人才市场每年都要举办多场大中型的招聘会，高校每年也都要组织举办各种形式的双选会或校园专场招聘会。招聘会为毕业生与用人单位双向选择搭建了平台、提供了机会，毕业生要十分重视、充分利用这些机会，尽可能多了解相关情况，广泛收集各单位的用人信息。

（四）学校教师与校友

许多教师与校外研究所、企业、公司合作开发科研项目，有广泛的人脉，学生可以通过教师获得用人信息，不断补充自己的信息库。教师提供的就业信息具有重要参考价值。教师能更多地考虑毕业生的就业意向与职业的匹配，结合毕业生的学业成绩、在校表现及其资质、能力、特长，针对不同学生提供不同的就业信息，比较可靠，针对性强。

校友是就业信息的重要提供者，毕业生可以多找一些"师哥""师姐"，通过他们了解更多的就业信息。校友提供的就业信息的最大特点是比较接近本校的实际情况，尤其是本专业的毕业生在人才市场上的供求状况及其在具体行业中的实际工作、发展状况。特别是近年毕业的校友对就业信息的获取、比较、选择和处理有比较丰富的经验，他们提供的信息更具有参考价值。

（五）社会实践活动与社会关系

毕业生在实习、社会实践中，可以让用人单位充分了解自己，同时也可以清楚地了解用人单位的需求信息，抓住机遇，成功求职。

社会关系也是就业信息的重要来源。学生可以通过自己和家庭的社会关系获取各行各业的就业信息。

家长、亲友提供的就业信息主要来源于其个人的社会关系，或者其所在的就业单位，对职业需求信息知根知底，真实性较强、可靠性较大。

三、大学生就业信息的处理

（一）就业信息的筛选

很多用人单位在进行宣传的时候，通常只提自己的优势而掩饰自己的劣势，因此，毕业生在进行情况分析的时候要做到充分了解，心中有数，不要被表象所迷惑，失去准确的判断。

1. 甄别

甄别是信息处理的第一步。毕业生求职时首先要开展的工作应该是对就业信息的分析，因为择业的成败在很大程度上取决于如何分析就业信息。分析就业信息主要应做好以下方面的工作。

（1）分析就业信息是否准确真实。就业信息准确与否直接影响毕业生择业的成功与否，信息不准，会给择业工作带来决策上的失误。分析就业信息的准确与否还有一个重要的方面就是核实单位的资质及招聘信息的真假。信息在传递过程中由于来源和人为的一些因素，造成有些信息失真或污染，这就要求我们必须通过查询、核实来加以修正、充实，使信息更有效。例如，在去一个应聘单位前，必须对该单位的合法资质进行核对，或向其上级主管部门核实，或直接咨询学校就业指导部门。

（2）分析就业信息时要注重适用性、针对性。如今，就业信息铺天盖地，如果在信息收集中不注重适用性，就可能在众多的就业信息中把握不准方向，这就要求毕业生在收集就业信息时，必须对自己有一个客观地评估，然后根据自己的专业、特长、能力、性格、健康状况等各方面因素去收集有关的就业信息。

（3）分析就业信息时要注重系统性和连续性。将各种相关的、零碎的信息积累起来，然后加工、筛选，形成一个能客观地、系统地反映当前就业市场、就业政策、就业动向的就业信息链，为自己的信息分析和择业提供更可靠的依据。同时，要注意保持信息的连续性。例如，一些用人单位因搬迁等原因导致毕业生收集的信息失真，但如果建立了连续的电子就业信息库，毕业生就可以根据原有的信息重新发掘新信息，更新信息库，这样毕业生就可以在任何时候享用就业信息。

总之，毕业生要善于及时对就业信息进行分析、判别，依据自己的就业定位，选择相对较好，特别是适合自己个人特点的信息，并且果断出击，以提高自己求职择业的效率和成功率。

2. 归类

经过甄别的信息仍然繁杂，因此还需要对信息加以归类。可以根据就业信息的不同属性分门别类地加以整理，这样既能防止就业信息遗漏，又便于检索查阅。

3. 挖掘

许多信息的价值往往不是浮在表面上的，必须经过深入挖掘才能发现。这就要求毕业生既要站在高处，从长远的角度看职业、单位的趋势；又要留意信息的细枝末节，由表及里地挖掘信息的内涵价值。

(二) 就业信息的评价

信息的来源渠道不同，内容必然有实有虚，这就要求毕业生对每一条获得的就业信息进行评价。

第一，真实性。由于信息的来源渠道不同、传递方式不同，大量信息扑面而来，就会造成信息的真实程度不一。因此，毕业生务必冷静分析，增强判断就业信息真实性的能力。

第二，有效性。就业信息的有效性是一个相对的概念，指信息对于使用者而言是否有用，有用的即有效，无用的即无效。也就是说，某一个就业信息，别人看来很有价值，可能是一个很好的机会，但是对求职者本人或许一文不值，这并不是信息本身的问题。同样的信息造成不同反应的原因是不同求职者评价信息的标准不同，每条信息都有其特有的针对性。

第三，可变更性。对于某些招聘信息所传递的专业、性别、学历要求等，乍看上去并不符合个人的应聘条件，因而就此却步。但实际上这只是用人单位最初的设想，随着形势的变化，最初的计划会有所调整，因而毕业生要结合用人单位的情况和岗位的核心特征进行分析，考虑一下该信息的可变更性有多大。

(三) 就业信息的利用

第一，发挥优势和学以致用的原则。发挥优势和学以致用的原则，即处理就业信息时，要尽量做到专业对口、发挥所长、学以致用，这样可以发挥优势，避免人才资源的浪费。如果说，实际的招聘条件不许可，那就可以选择相近专业的招聘职位。

第二，辩证分析原则。辩证分析原则，即用辩证唯物主义方法论来分析信息，用历史的、发展的、变化的眼光来研究、处理信息的实际利用价值。

第三，综合比较原则。综合比较原则，即把所有的信息放在一起从各方面比较各自的利弊，寻找符合自己条件的职业。

第四，善于开拓原则。善于开拓原则，即将那些价值潜在的信息，深入思考，加以引证，充分利用。信息的价值会用则有，不会用则无。

第五，早做抉择原则。信息有很强的时效性，及时用之是财富，过期不用等于无。因为较好的职业总会吸引更多求职择业者，而录用指标却是有限的。如果延迟抉择，不及时反馈信息，往往会痛失良机。

第六，学习原则。善于总结，寻找不足。根据相关岗位的要求，并结合自身现有的能力，在求职中发现自己的不足。因此，求职者应该善于总结，调整自己的知识结构，锻炼自己还欠缺的能力，弥补不足。

第七，舍得原则。部分信息对自己也许没用，但对别人也许就有着很大的价值，遇到这种情况，应该乐于输出这些信息，不要紧抓不放。在输出信息的同时，既帮助了别人，也许同时减少了自己的一个竞争对手。

在使用就业信息时，一定要头脑清醒，不可随波逐流，人云亦云，不可偏听偏信，不能一味地追求高"理想"，而应该做到面对现实情况，实事求是，客观地评估自我，做出正确的选择。

第二节　求职自荐材料的准备与简历制作

简历不是一张简简单单的学习、工作经历的总结表，而是展示综合素质的重要途径，大学生要学会如何制作优秀的个人简历，通过它找到心仪的工作。

一、大学生自荐信的制作

（一）自荐信的功能

自荐信是一种有目的、针对不同用人单位的书面自我介绍，它以精练的语言展示自己的最佳形象，用诚恳打动用人单位。自荐信一般排在推荐材料的扉页，内容要热情洋溢、言辞诚恳、大方得体，其重点在"荐"，在构思上要围绕"为何推荐""凭何推荐""怎么推荐"几个重点问题展开。自荐信往往与简历一起使用，因此自荐信的质量在很大程度上影响简历的作用。一封好的自荐信可能为求职者赢得面试的机会，而一封不好的自荐信则可能使简历形同虚设。

求职信的格式有一定的要求，内容要求简练、明确，切忌模糊、笼统、面面俱到。自荐信具有以下两种功能。

第一，沟通交往，意在公关。自荐信是沟通求职者和用人单位之间的桥梁。通过一定的沟通，在相互认识、交流的基础上，实现相互的交往，是求职信的基本功能。

第二，表现自我，意在录用。要想实现自己的求职目的，就要充分扬长避短，突出自我优势，才能在众多的求职者中崭露头角，以自己的某些特长、优势、技能等吸引用人单位。

（二）自荐信撰写的格式

自荐信的书写格式与一般书信相同，一般为标题、称呼、正文、落款四部分。

第一，标题。标题部分应写明"自荐书"，且字体要醒目、简洁、优雅、大方、美观。

第二，称呼。称呼是对主送单位或收件人的呼语。若联系单位明确，可直接用"尊敬的××单位领导"，若单位不明确，可用"尊敬的贵单位（公司、学校）领导"，最好不直接冠以单位最高领导职务，以免引起第一读者的反感。

第三，正文。正文的开始应表示向对方的问候，主体部分包括自我简介、自荐目的、素质展示、愿望决心（态度）、结语五方面内容。自我简介只需说明姓名、学校、院（系）、专业即可；自荐目的要充分表达对用人单位的认识和热爱之情，这就要求在投递自荐书之前对应聘单位有一定了解（当然了解得越多越好）；素质展示是自荐信的关键，主要说明自己的才能和特长，特别是针对应聘岗位的条件，而这些条件又包括基本条件和特殊条件，基本条件包括政治表现、学习情况、工作情况三方面，特殊条件可以是自己的特长（特长不宜太多，一两项即可）等；愿望决心部分要表示对所应聘单位的强烈愿望和共创美好未来的雄心壮志，以及期望得到对方的认可和接纳，这部分内容应当语言自然恳切、不卑不亢；结语按照书信格式写上祝贺语或"此致敬礼""恭候佳音"之类的话语。

第四，落款。自荐信的落款处写上"自荐人：×××"，并标注规范体的年月日，署名处要亲自签名以示郑重和敬意，文末说明联系方式、地址、电话号码、E-mail 地址等。

自荐信手书最好，但现今由于书法水平的制约而更多使用打印件。自荐信的内容不宜过长，一般应控制在一页 A4 纸之内。

（三）自荐信撰写的要点

第一，篇幅尽量简短。只有篇幅简短、重点突出的求职信才会引起用人单位的注意，才能收到好的效果。

第二，突出个性。面对不同的招聘单位和不同的职位，求职信在内容侧重点上要有所不同，必须有很明确的针对性，切忌千篇一律，没有自己的特色。只有突出自己的个性，并很好地找到招聘岗位要求和自身条件的匹配点的求职信才会被招聘者关注。

第三，实事求是。适度的谦虚会让人产生好感，但过分的谦虚则容易给人留下缺乏自信的印象，而且虚假浮夸的表述很容易被招聘者识破。因此，陈述要客观真实，适度修饰。由于文化上的差异，一般对外资企业需要充分地展示自己的能力，充满自信，而对国企、国家机关以及国有企事业单位则应适当内敛，着重介绍自己的知识和能力，语气要适度含蓄。

第四，语句通顺，文字流畅。求职信一般要求打印，要做到排版工整、美观，不要出现错别字，语句流畅通顺，文字通俗易懂，切忌用华丽的辞藻进行堆砌，少讲大话、空话和套话。

第五，尽量不要谈薪酬。如果没有被要求，不宜在求职信中谈论薪酬待遇。如果招聘者要求自己提供薪酬要求，那么就适度地说明，或者参照行业薪酬标准的中等水平，并且注明这是可以协商的。

第六，仔细检查。写完后应认真阅读修改，或请周围的人帮助修改，避免有歧义的表述，避免重点不突出或表述层次不清等疏漏，这样求职信才更能准确地表达求职者的信息。

二、大学生个人简历的制作

个人简历是对求职者知识能力、学习及工作经历等方面的简要总结，一份个人简历好比产品的广告和说明书，既要将自己与别人区分开来，又要把自己令人信服的价值充分展示出来。在就业竞争日益激烈的今天，想让自己在众多实力相当的竞争者中脱颖而出，一份优秀的个人简历便成为有力的助推器。

个人简历是求职者给招聘单位发的一份简要介绍，它包含自己的基本信息。通过阅读个人简历，招聘人员可以从多个方面来考量求职者。①求职者的能力。招聘者根据求职者受教育的程度、有无相关工作经历、取得过何种成绩等来判断求职者的基本能力和素质，因此简历中需列举具体的事实来证明求职者能胜任招聘岗位。②求职者的职业诚信。招聘者很看重求职者的职业诚信，会注重求职者工作的稳定性及材料表述的真实性，如果频繁跳槽或经历表述中有隐瞒、欺骗的信息，就会使招聘人员对求职者的职业诚信有所怀疑，从而影响求职者的求职。③求职者的思维特征。招聘者可通过简历表述的层次性、逻辑性、准确性及文字写作能力，来判断求职者的思维特征。

（一）简历的内容与重要性

1. 简历的内容

（1）个人基本信息。个人基本信息包括求职者姓名、性别、出生日期、籍贯、通信地址、邮政编码、联系电话、E-mail（QQ）等基本情况。

（2）求职意向。个人简历中应写明求职意向，即表明想应聘的岗位（最好根据招聘信息发布的工作岗位填写，越具体越好），若没有注明求职意向则可能被立即淘汰。

（3）教育背景。教育背景即注明所就读学校的名称、学位、学历、院（系）、专业、大学学习情况（包括主修专业方向、专项培训）、社会教育情况、专业获奖情况。不需要罗列中小学信息。

（4）工作经历。对于大学毕业生，个人简历中的工作经历主要应说明学校和社会工作经历及获奖情况。学校工作经历即担任学生干部情况及参加学生活动情况；社会工作经历即社会实践及专业实习情况。

（5）知识能力。个人简历中对知识能力的简述主要是注明专业知识技能（专业课程、应用性操作能力）、通用知识技能（外语、计算机应用能力及等级证书等）、爱好特长等方面情况；一般不需要注明课程成绩（除非成绩非常优秀），其中，"特长"选择最有代表性的1~2项填写即可，并最好与应聘工作有关。

（6）自我评价。个人简历中的自我评价应用精练的词概括自己的优良品行、习惯、性格等，要求客观真实；"自我评价"不是个人简历的必备内容。

2. 简历的重要性

（1）简历是一块"敲门砖"。用人单位查阅简历就是一场大型海选。通常来说，首轮筛选中一份简历的过目时间只有短短十到十五秒。高比例的刷简历情况往往会造成一定的"误伤"，这也侧面说明一份合格的简历需要通过不断打磨，要能给人留下强烈的第一印象。出色或成功的个人简历，最重要的作用就是能让简历审查者产生面试求职者的想法，因为求职者传递出的信息正是用人单位所寻找的。

（2）简历是用人单位的"定音锤"。简历的制作要以用人单位的需求为首要条件。它就像一份销售文件，力求突出求职者的优势、成就和水平。同时，求职者也需要通过简历向用人单位展示出自身对于岗位需求的了解，并证明自身的价值以及能够在岗位上创造的效益。

在面试前，简历是用人单位决定面试人选的依据；在面试时，简历又作为用人单位的"采访提纲"用以对求职者做出考核。因此，简历中的内容选取要遵循简洁、真实、契合的原则。某些别出心裁的自我表达，或许能带来出其不意的惊喜，但大多数时候，一般建议求职者在简历描写时以稳妥为主。只有简历上的每句表达都经过深思熟虑，并将其了然于心，面试时才可以气定神闲、事半功倍。

（3）简历是求职者的"入场券"。简历最主要的目的，就是使求职者获得面试资格，创造一个自我展示的机会。我们无法控制用人单位给出心仪的职位，也无法控制面试候选人名单，但我们唯一能控制的，就是手中这份简历。因此，塑造简历不仅仅是塑造一份潜在的职业"入场券"，也是塑造自己人生新阶段的入场券。我们通过就职来体验社会，通过改变职业来尝试人生不同的可能。

（二）简历的主要类型

1. 按格式进行分类

简历的格式并不是指简历的内容排版或是外观设计，而是指如何组织和排版简历的各种要素，不同格式的简历能够突出求职者不同的侧重面。

（1）时序型简历。时序型简历是一份按照时间顺序排列的简历，包括求职意向、学历和经历等部分。这类简历的写作方式十分直接。它从求职者最近从事的职业开始，依次逆向往前推，简要概括出个人的受教育经历、工作实习经历等信息。通过清晰的纵向模式呈现求职者的人生经历与发展的全过程，有助于用人单位一目了然地了解求职者的成长与进步。对于求职者来说，这是较为常用的简历格式，一般适用于四种情况：①所求岗位符合个人的教育背景和工作经历；②有稳定的求学和工作记录，个人实习实践经历含金量高；③实习实践经历的连贯性较强，能够反映相关工作技能和资质的提升；④个人技能领域有限，但在这一领域拥有丰富的经历。尽管时序型简历十分稳妥，适合诸如教育等传统行业，但它的时间连续性同样也会暴露一些问题，诸如并不重要的工作经历或是无业、失业等阶段，这在一定程度上会给求职带来负面影响。

（2）功能型简历。功能型简历又叫作技术型简历，不考虑时间顺序而强调求职者的技能水平和资质成就。此类简历需要对求职者的优势和专长做提纲挈领的分析说明。一份功能型简历通常包含目的、能力、业绩和学历、经历等部分，其中工作技能和专长优势是核心部分。对于求职者来说，功能型简历适用于四种情况：①跨行业求职，且具有所求岗位要求的技能、资质；②应聘技术型岗位，对技能的专业度有特定要求；③有多领域的工作经验，想突出个人多方面的能力水平；④缺乏高含金量的实践经历，或是工作史存在空白、不连贯等情况。功能型简历将目标聚集在未来的成就而不是过去的荣誉，是更具针对性的求职简历。但这种简历格式最大的不足就在于不能清楚显示个人的教育就业轨迹，缺乏实际说服力，而使得用人单位因无法完全掌握情况而产生疑虑。

（3）综合型简历。综合型简历是时序型简历和功能型简历的结合运用。这种简历格式无疑是一个很好的选择，既可以迎合用人单位的准则和需求，又能通过个人连贯的学习工作经历来提供准确可靠的信息。它把求职者的个人资质和技能与人生成长经历结合起来，既强化了时序型格式的优点又避免了使用功能型格式说服力不足的问题。说明对于相关技能的掌握程度。

（4）其他类型。除去以上三种最常见的简历格式，还有以下简历格式。

履历型简历：求职者大多是专业技术人员，如医生等，因此简历中仅需要呈现个人的履历，如就读的医学院、就职医院和发表著作等情况。

图谱型简历：也可以叫作创新型简历：与传统简历格式截然不同，充满创造力和活力，但适用性不强。

记叙型简历：可读性、趣味性强，要求较高的写作技巧、不同寻常的个人经历等。但这种简历客观性不强，适用性较低。

2. 按目标进行分类

有时我们在求职过程中存在这样的情况，即在中介平台上发布个人简历，等待用人单位的联系。这样的求职方式随着网络招聘平台的兴起变得越发常见，它不同于通常我们主动联系用人单位的方式，具有便捷、机会面大等优势。

（1）目标型简历。撰写目标型简历的前提，是求职者要对所求岗位的要求、行业环境等有较为清晰的了解。换言之，也就是要掌握简历审核者的需求。因此，目标型简历首先要强调目标用人单位所需的技能和资质，简历的内容定位要贴合目标岗位的要求。例如，假设某求职者想要应聘任一行业中的会计一职，那么对于他来说，就必须提供足够的砝码来证明自身能够胜任各个行业中的会计岗位。这些砝码可能包括优秀的职业技能、含金量高的工作实践、出众的培训经历以及显见的业务成就等。

（2）资源型简历。通过中介平台求职的方式有一个较为明显的优点，即用人单位对简历的针对性具有较大的宽容度。不可否认，求职者确实会存在不能确认求职目标的情况，这种情况下选取资源型简历就能包含更广泛的内容，可以从多个方面来强调求职者的个人技能和成就。资源型简历最重要的作用就是让用人单位明白，求职者拥有什么样直观的技能，能够在岗位上做出什么贡献，带来多大的收益。因此，无论是案例，我们都要传递关键信息去迎合用人单位的需求和期望。

（三）简历制作的原则

第一，重点突出的原则。紧紧围绕"求职意向"组织材料，突出能胜任应聘岗位工作的各方面能力。

第二，适度包装的原则。树立推销自己的理念，把个人简历看作是一份推销自己的广告，在内容、格式、纸质、字体等方面都能突出自己的创意、展示自己的亮点，争取最大限度地吸引阅读者的眼球。

第三，信息集中的原则。使用简洁、清晰易懂的语言表现自己的知识技能和资质与招聘需求相匹配的信息，多用动词，确保阅读者一眼就能看到他们需要的信息，尽可能避免关键信息的松散混乱。

第四，扬长避短的原则。尽可能表达对自己有积极作用的信息，避免陈述不利信息，并注意充分展示自己独特的个性特点。

第五，实事求是的原则。客观真实地说明自己的情况，切忌夸夸其谈和无中生有。

第六，短小精悍的原则。简明扼要地介绍自己的情况，让阅读者能在最短的时间内看完。一份简历一般控制在 1~2 页 A4 纸内完成。

（四）简历制作的格式

个人简历的制作可分为七种格式——表格式、半文章式、提要式、年代式、册子式、功能式、独创式。这些格式可单独使用，也可相互交叉混合使用，独创式的简历仅用于创造性行业。

制作简历最好使用 A4 纸张，以白纸黑字为最佳，米色或浅黄色纸张也可用；将姓名、联系方式、邮政编码放在一起；没特别要求一般不附照片。

排版打印时，设定页边距，使文本宽度在 16 厘米左右，四周留出足够空白；切忌在简历中出现跳字、字母高低不平、用改正液涂改的情况。

简历中包括的推荐材料主要有四类：①鉴定及推荐意见，包括班主任鉴定、系推荐意见、学校主管部门意见；②学习成绩证明，这必须经过学校教务处或所在院（系）盖章；③个人优秀表现的支撑材料，如在校期间获奖和参加社会活动证明的复印件；④名人推荐信。这里的名人包括学校老师、政界要人、同行专家、企业领导等能对就业岗位产生积极影响的人。

（五）电子简历的制作

电子简历主要包括个人资料、教育背景、工作经验和其他方面四部分。制作电子简历应注意的事项主要有以下四项。

第一，直达主题。将自己想要传达的信息直截了当地表达出来，如"我能胜任贵单位的××岗位，有以下理由……""本人专业知识扎实，实验操作能力强，具体表现为……""本人有较强的组织能力和社会活动能力，在校期间曾先后担任……先后组织了……活动，获得过……奖励……"

第二，突出重点。在简历中只需将自己的资历、专长、成就、求职意愿详细说明就行，切勿啰唆，确保重要信息不被冗长的叙述淹没。

第三，简洁、有力、易懂。简历内容应简单明了，不要使用令人费解的词、句；直截了当，语言用短句，材料用短篇；考虑阅读对象的知识背景，尽可能不使用专业性太强的术语和词汇；不要使用模糊、笼统的字词。

第四，美观大方。充分发挥计算机的各种功能，并注意对电子材料的装饰，使电子简历更醒目、更有吸引力，更容易被阅读。如果使用 E-mail 发送电子简历，应该将文件直接拷贝到邮件管理器的消息框里，而不要将文件以附件的形式附在电子邮件之后。

（六）简历的制作要点

第一，将"个人简历"换成个人姓名。大学生求职者可以将简历上方的"个人简历"四个字换成自己的姓名和联系方式。如果求职者的简历上最明显的位置上写的是自己的姓名和联系方式而非毫无用处的"个人简历"四个字的话，人力资源主管就能轻松地记住该求职者的姓名，并找到他的简历。

第二，用优质纸张打印简历。求职者的简历到了公司后，公司一般还会再将简历进行多次复印，以供多位不同的人力资源主管或公司上层领导查看。用粗糙的纸张打印出来的简历可能最初效果还不错，但经过多次复印后就会模糊不清了。所以简历最好选用优质纸张打印。

第三，实践经验应具体明确。人力资源主管都非常重视求职者的实践经验，因此，在描述实践经历时切忌含糊不清，一定要将自己的具体工作明确地描述清楚。

第四，不违背真实原则的变通。简历的真实性原则，是指真实地填写自己的各项信息，不能杜撰个人的能力和经历。在不违背真实原则的基础上也可稍做变通。真实性原则基础上的变通都必须在个人的可控范围之内，他人或外在条件所控制的，不能乱写。

第三节　求职面试的技巧

一、择业技巧

在竞争激烈的现实社会，人人都想成功地立足于社会，各个都想找到充分发挥自己特长、获得较高报酬的工作单位。可是有许多大学毕业生，虽然拥有较高的学历和丰富的知识，但由于初次择业经验不足，缺乏必要的求职、择业技巧而很难如愿以偿。求职、择业是一门学问，也是一门艺术，有许多技术和技巧。要想找到一份理想的工作，学习一些方法、掌握一定的技巧是很有必要的。

（一）求职技巧

求职者在求职的各个环节要多动脑筋，把自己优秀的方面展现出来，恰到好处地表现自己外在和内在的特点与优势，从而给招聘者留下良好的印象。但需要注意，智慧不等于要小聪明，要把握好分寸。

第一，有的放矢、适度包装。针对不同用人单位的不同要求，准备针对性较强的材料，强调自己与所应聘岗位相关的知识能力和专长经验，让用人单位觉得自己就是最理想的应聘者。同时，包装已成为当代求职者在求职过程中展示自己的重要手段，适度的包装可以更有效地提升自己的地位和形象，但过度的包装却会使人反感。包装包括两方面：①自荐材料的包装，应注意按照不同类型的单位准备不同形式的材料，一般可分三类——国家公务员、学校教员、公司职员；②对自身的包装，主要是着装，要求大方、得体、规范。

第二，诚信为本。既要客观展示自己的优势和强项，又能正视自己的缺点和不足。根据经验，用人单位并不会太在意应聘者的缺点和不足（致命的缺点除外），他们主要关注的是应聘者的发展潜力和对待问题的态度。

第三，积极主动。就业信息都有很强的时效性，大学毕业生在对就业信息进行充分论证后应主动出击，并做好各方面的准备，否则会坐失良机。在求职时需要做到：不等对方索要，主动呈交；不等对方提问，主动介绍；不消极等待回音，主动询问。做到这几点，自然会给招聘单位留下自己态度积极、求职心切、胸有成竹的印象。

第四，重点突出。在介绍情况时要重点突出自己的知识能力和与众不同的地方，还应有一定的举例说明，并且体现在所表达的语言中。

第五，出其不意。求职是一门艺术，职场是一个不见硝烟的战场，求职者如能在求职思路上出其不意，攻其不备，则往往能收到意想不到的效果，从而获得招聘人员的青睐，成为最后的胜出者。

（二）电话与网络求职技巧

随着社会的发展，电话与网络求职已成为一种新时尚。电话与网络求职不仅可以起到"先声夺人"的效果，还可以节省时间，避免求职的盲目性，增加面试机会，提高求职效率。在电话与网络求职时应该选择并控制通话时间、准备通话要点、做好通话记录、注重礼貌及通话方式。以下以电话求职为例，应注意以下方面。

第一，调整好通话心情并做好相应准备。电话求职时应该准备一些应征理由和自我推销的说辞，以面试的心态通电话。在电话求职时最好准备好纸笔，以方便记录通话中的有关内容。

第二，注意好通话场所。电话求职时尽量选择在安静的地方，如果一定要在外面联络，也应选择相对安静的环境，在吵闹的大街除了听不清楚之外，也容易让人烦躁。

第三，选择好通话时机。不要在对方可能忙于处理其他事务时通话。一般应选择上班时间通话，如果在上班后半小时内打求职电话，效果最为理想，这有利于强化记忆和印象。另外，如果估计通话时间较长，应该事先预约。

第四，准备好通话内容。电话求职的根本目的是争取面试机会，电话上能谈及的最多只有一两个中心内容，因此，电话求职的通话内容要围绕中心内容进行准备，尤其是要清楚打电话的目的与意义。在实际通话前需要厘清思路，接通电话后，按事先拟好的提纲，逐条讲述；求职电话一般应先进行自我介绍，询问对方是否正在招聘，对应聘者的要求是什么，或直截了当地询问招聘广告中不明了的有关事宜。

第五，把握好表达方式。既然应聘者决定打求职电话，说明其对用人单位有诚意。接通电话后，应聘者应有礼貌地问清对方单位的名称，说出要找的人的姓名。如果对方就是相关负责人，则应先问候，然后谈话；如果对方不是相关负责人，则应有礼貌地请求对方告知；如果相关负责人不方便通话，则主动请接电话的人把自己的单位和姓名转告相关负责人。通话时，应注意语言、语调和语气，要热情、坚定、自信，咬字要清楚。

二、面试技巧

（一）面试的类型

1. 结构式面试

结构式面试的目的在于去除偏见，帮助雇主做出客观的决定。结构式面试由面试主考官掌控面试的全过程，他会按照事先设定的考核标准精心设计问题，制定标准的评判或计分方法，然后对应聘相同职位的应聘者进行相同问题的测试或谈话，以此考核应聘者的知识、能力、经验等，并作出相应评价。结构式面试属于常规式面试，为众多用人单位所采用。

2. 非常规面试

"非结构化面试是指面试没有应遵循的特别形式，主试者可以问随机想起的问题，谈话可以向各个方向展开。它的优点是可鼓励求职者讲出心里话，收集更为丰富的信息，方式灵活。"[①] 常见的非常规面试有以下形式。

（1）自由式面试。由面试官与应聘者自由漫谈，使应聘者得到充分放松与自由发挥，从而更全面地了解应聘者。

（2）压力式面试。面试官有意识地向应聘者施加压力，或针对某一问题进行一连串发问，刨根究底，使应聘者疲于应付，十分被动，使其陷入难堪的境地，以此考察应聘者承受挫折的能力、随机应变的能力及心理素质等。

（3）即兴演讲式面试。一般采取现场抽签的方式，进行即兴命题式演讲。从应聘者抽到演讲题目开始，到准备演讲，直至完成演讲，一般不超过 15 分钟。演讲时间一般为 5 分钟左右。这种面试主要考查应聘者的语言表达能力、思维敏捷性、逻辑性、知识渊博性

① 　郭帆，崔正华，李猛，等. 大学生职业生涯规划与就业指导 [M]. 南京：东南大学出版社，2018：157.

等。产品销售员、公关人员、教师等职业领域较多采用即兴演讲式面试。

（4）角色模仿面试。由应聘者现场模仿所应聘岗位的角色，并据此判断应聘者的学习能力、语言表达能力、公关活动能力、业务水平、随机应变能力，以及对所应聘岗位的认识程度、理解程度及是否能胜任这一工作。

（5）情景式面试。设想某种场景，由应聘者在该场景中扮演某种角色去完成某项任务，并据此判断应聘者的反应能力和随机应变能力。

3. 评估中心

评估中心是一系列考核方式的综合，这是一些专业化程度较高的外资企业通常使用的方法。这种面试包括在公众面前的个人演讲、辩论、无领导的小组讨论、团队创建游戏等，其测试目的是考核应聘者的适应能力和在一个全新的、毫无准备的情境中处理问题的能力。

4. 一对一个别面试

一对一的个别面试经常应用于第一轮面试，其目的不是找出期望中的人选，而是通过对应聘者所具备的知识技能和经验等进行初步的了解与核实，以剔除一些素质较差的应聘者。

5. 多对一主试团面试

多对一的主试团面试是由人力资源部经理、业务部门经理及将来有机会与应聘者共事的同事等人组成面试团，对应聘者的人格特质、业务素质、行为风格等进行考核。应聘者要对面试团成员的所有提问进行回答，并要注意与他们之间的沟通，不能忽略其中任何一个人的问题。面试结束后，面试团会综合所有成员的意见给应聘者一个评价。

6. 多对多的小组面试

多对多的小组面试中，主试方和应聘者都是多个人，主试方多人从不同角度轮流对一个应聘者提问，并要求其他应聘者对同一问题依次进行回答，从而对应聘者进行比较和权衡。通过这种面试，主考官通常想了解应聘者与团队互动的情况、每个应聘者在团队中的角色、谁会在团队中以领导身份出现等。这种面试形式中，考虑周到、表现机智很重要，但是不要独占会谈场面。

7. 远程视频面试

远程视频面试是运用现代网络技术手段，通过网络视频进行远程面对面网络交流的面试方式。

（二）面试的准备

面试是大学生通往自己心仪单位的必经之路，在面试前的准备可从硬件准备和软件准备两方面着手。

1. 硬件准备

（1）推荐材料的准备。面试之前根据用人单位的特点和要求准备几种格式的推荐材料，确保面试官想看什么就有什么，除此之外，还应准备就业协议书。

（2）个人形象的准备。面试前应该准备一套合适、得体的职业装，男性最好是深色西装，配同色系或互补色系的衬衫，还要系上领带、穿皮鞋。女性可以选择稍休闲的职业装，若是裙装，则要穿丝袜、合适的高跟鞋。保持良好的举止也能够为面试加分，如站姿、坐姿、眼神表情等都要规范。穿着打扮既能反映一个人的修养，也是对面试官和用人单位的尊重。一般情况下，衣着不整、蓬头垢面会给面试官留下不好的印象，而过于时尚的打扮又会被认为不成熟或不可信任。

（3）纸、笔、证件的准备。面试之前一定记住准备好用于面试时记录的纸和笔，并准备好用于证明自己身份和优秀素质的相关证件、证书。需要准备的有关证件包括学生证、身份证、毕业证、相关荣誉证书、发表的各类作品等，最好将相关证书、作品等复印件整理装订成册，并带上原件。

2. 软件准备

（1）"知彼知己"。一方面，尽可能详细了解用人单位的情况，包括组织内部情况和组织外部情况两方面。组织内部情况又包括发展历史和最新动态、发展目标与组织文化、单位领导人的姓名、单位规模与行政结构、服务内容与类别、财政状况、绩效考核体系、培训体系、薪酬体系、正在招聘的职位及能力要求等；组织外部情况包括服务对象的类型及规模、组织的公众形象与社会评价、主要竞争对手的情况等。另一方面，尽可能全面认识自己，包括自己的基本情况、教育背景、知识结构、专业水平、组织管理能力、兴趣爱好、社会经验、公众评价、主要优缺点等；只有知彼知己，才能在面试中胸有成竹、言之有物，增强面试的针对性和说服力。

（2）加强面试技巧培训。一般的企业面试竞争压力不会太大，面试者无须掌握过多面试技巧就能通过。但对于知名企业、国企、事业单位等的岗位或公务员面试，应聘者多，用人单位优中选优，这时对面试者技巧要求较高，往往一个环节把握不到位，或是一个问题回答有偏差，则可能导致出局。因此，参加一定的专业面试技巧培训，虚心听取他人意见，加强语言表达能力和随机应变能力的训练尤其重要。

（3）保持良好的心态，努力克服紧张心理。既要充分认识到求职竞争的激烈、残酷和困难，又要充分树立战胜自我、战胜他人的必胜信心。要敢于正视失败，要勇于丢掉思想包袱，轻装上阵，畅所欲言，不要患得患失。既不能把一次面试和工作机会看得过轻，又不能将其看得过重，从而背上沉重的心理负担和思想包袱。

（4）回顾简历并预演面试场景。求职者通常会针对不同的企业或不同的岗位而对简历进行相应调整，所以在面试前，应聘者应该对投递的简历进行回顾，重新熟悉内容，特别是在个人介绍部分要突出人职匹配度，让面试官相信你确实有可用之处。做好这些工作后，可以请一位有经验的朋友、同学或老师扮演面试官，对面试进行必要的模拟演练，对一些可能提到的问题进行预先熟悉，以便于面试时能更好地发挥。

（三）面试各环节的技巧

1. 面试自我介绍的技巧

留下良好而深刻的第一印象是面试成功的一半。自我介绍要求应聘者清楚说出自己的基本情况，时间以 2~3 分钟为宜，思路要清晰、重点要突出，主要陈述自己的强项、优势、专业知识技能、成就等情况，突出能为应聘单位做什么贡献，不要重复简历上的内容。

应聘者在自我介绍时要做到：满怀信心，精神饱满；沉着冷静，不慌不忙；面带微笑，彬彬有礼。要尽量使用尊敬与谦虚的语言。要使用尊称，如"尊敬的领导，您好"。

2. 面试聆听的技巧

听也是一种学问，人的思维速度是说话速度的几倍，一般情况下，说者还没说完，听者也许早就理解了。善于倾听并成为一个优秀的"听众"，是面试成功的又一个重要方面。

（1）全神贯注、用心倾听。大学生在面试时精力必须高度集中，不能分心，要做到耐心、专心。应聘者在听面试官谈话时，应当保持耐心，不能表现出不耐烦的神色，更不能东张西望。同时，应聘者应全神贯注，始终保持精神饱满的状态，专心致志地注视着面试官。

（2）尊重他人、姿势得当。无论是站着还是坐着，应聘者都要让面试官感觉到自己在注意倾听、是最优秀的听众。具体表现为，身体要稍微向前弯曲，以缩短与面试官的距离，表示对他的话有兴趣，并用各种肢体语言来回答面试官的问题，表明自己的机敏。

（3）用好眼睛、适时互动。在与面试官谈话的过程中，应聘者应聚精会神地注视对方，保持与面试官目光的接触，表示对面试官所谈内容有浓厚的兴趣。如果左顾右盼，目光飘移不定，就显得情绪不安。同时，与面试官进行互动，将自己的关注传达给面试官，让面试官知道自己在专心地听他讲，使面试官对继续讲话保持兴趣。

（4）察言观色、保持敏感性。在聆听面试官谈话时，应具备足够的敏感性。首先，应高度关注关键的字、词，善于从面试官的话语间找出他没有表达出来的意思，即理解对方的言外之意；其次，要注意感受面试官对自己的话是否听进去、是否对自己谈的内容感兴趣；最后，还要细心观察面试官在谈话时的表情及姿势的变化，从而全面准确地把握面试官谈话的含义。

3. 面试应答的技巧

面试过程中，招聘方总会提出一系列的问题，正确应对和回答面试中的问题，应聘者需主要把握以下方面。

（1）把握重点，简洁明了、有理有据。一般情况下回答问题时要结论在先，议论在后，先把自己的中心意思表达清楚，然后再进行叙述和论证。否则，长篇大论会让人不得要领。而且面试时间有限，多余的话太多反而容易跑题。

（2）讲清原委，避免抽象。面试官所提问题总是想了解一些应聘者的具体情况，不要简单地仅以是或否作答。针对所提问题，有的需要解释，有的需要说明。过于抽象的回答往往不会给面试官留下具体的印象。

（3）有个人见解与特色。面试官接触的应聘者可能数量很多，相同的问题可能要问若干遍，类似的回答也要听若干遍，只有具有独到的个人见地和个人特点的回答，才会引起对方的兴趣和注意。

三、笔试技巧

在充分准备的基础上，还要注意笔试时的技巧，以提高答题效率。笔试技巧主要包括以下方面。

第一，增强信心。信心是成就一切事业的重要保证。笔试怯场，大多是由于缺乏自信心。客观冷静地对自己进行正确评估，就能克服自卑心理，增强自信心。应聘笔试同高考不同，高考是一锤定音，而应聘笔试是"双向选择"的一种方式，单位在选择应聘者时，应聘者也在选择单位，所以应聘者不应有太大的心理负担。

第二，做好考前准备。参加考试前，最好应先熟悉一下考场环境，这对消除应试时的紧张心理有所帮助。要弄清楚考试的要求和注意事项，尽量按要求事先准备好。带好必要的证件和一些考试必备文具等。考试前要保证睡眠，不要打疲劳战，确保考试时精力旺盛。

第三，科学答卷。答卷也是有讲究的，拿到试卷后，先不要急着做题，首先应通览一遍，了解题目的多少和难易程度，使自己对答题的顺序和重点有一个大概的把握。然后按照先易后难的原则，先做相对简单的题目和分值较高的题目，最后再攻克难题，这样就不会因攻克难题而费时太多。还应留出时间对试卷进行复查，注意不要漏题。卷面字迹要清晰，书写过于潦草、字迹难以辨认也会影响考试成绩。求职笔试不同于其他专业考试，有时招聘单位并不特别在意应试者考分的些许高低，认真的态度、细致的作风、新颖的观点也许会提高被录取的概率。

第七章 大学生创新创业能力的提升

第一节 创新创业能力的构成要素

"21世纪初，创新创业教育成为国家实施科教强国战略和改革高校偏重知识教育的重要策略，形成一种培养富有创新创业知识、意识、精神和能力的创新型、应用型、技能型人才的教育理念和教育模式。"[①] 创新创业要素是创业活动所必须具有的实质或本质，组成部分创业成功是一系列要素科学组合的结果。创业者可以通过改善这些要素的组合，提高其创新创业成功的可能性。

一、创新创业的必备要素

第一，诚信。诚信作为一种特殊的资本形态，诚信成为企业立足之本与发展源泉。创业项目、商业计划、企业模式等都可适时而变，唯有创业者品质难以在短时间内改变。创业者品质决定企业的市场声誉和发展空间。

第二，自信。对创业者而言，信心是创业的动力。要对自己有信心，对未来有信心，要坚信成败并非命中注定而是全靠自己的努力，更要坚信自己能战胜一切困难。

第三，勇气。成功需要经验积累，创业的过程就是在失败中积累经验财富。

第四，领袖精神。创业者是企业的一面精神旗帜，其言行都将影响企业的荣辱兴衰。企业文化精髓就是创业者的领袖精神，这是凝聚员工"不可复制"的财富，更是初创企业生存和发展的关键。许多优秀的跨国企业中，领袖精神随处可见。对创业者而言，注重塑造领袖精神，比积累财富更重要，因为财富可在瞬间赢得或失去，但领袖精神永远是赢得未来的无形资本。

第五，社交能力。人脉圈成为创业信息、资金、经验的"蓄水池"，在商业活动中起

---

① 赵长林. 高校创新创业教育概念内涵、政策演进与时代变革 [J]. 继续教育研究，2022（08）：67-73.

到较为重要的功效。扩大社交圈，通过朋友掌握更多信息、寻求更大发展，日益成为成功创业的途径。

二、创新创业的其他要素

（一）分享与反省要素

创业者一定要懂得分享。分享不仅局限于企业或团队内部。对创业者而言，对外部的分享也同样重要。反省是一种学习能力。创业既然是一个不断摸索的过程，创业者就会在此过程中犯错误。反省，是认识错误、改正错误的前提。对创业者而言，反省的过程，就是学习的过程。自我反省的能力与自我反省的精神，决定创业者认识自己的错误，并改正错误。

（二）理想与忍耐要素

创业者的理想的实现，伴随着行动力和牺牲精神。企业家的预期和他的努力相互作用，预期越高努力越大，努力越大预期越高，预期和努力两个作用力交替起作用。对创业者而言，忍耐是必须具备的品格。忍受事业与生活、身体与精神的折磨，反思自我才能有所进步和发展。

（三）眼界要素

对于创业者而言，创业者的创业思路来源包括以下四方面。①职业。对行业运作规律、技术、管理、市场熟悉，提高创业活动成功率。②阅读。阅读增长知识和见闻。③外出。开阔眼界。④交友。拓宽人脉，在生活中激发创业灵感。

（四）敏感与资源要素

创业者的资源的创立分为以下方面。

第一，内部资源主要是创业者个人的能力，其所占有的生产资料及知识技能，也就是人们通常所说的有形资产及无形资产，这种有形资产和无形资产属于个人。创业者的家族资源也可以看作创业者内部资源的一部分。拥有一份良好的内部资源，对创业者个人而言是较为重要的，但因为其中大部分不是通过创业者个人努力获取，而是自然存在，具有天然属性。

第二，创业者外部资源的创立。其中最重要的一点就是人脉资源的创业，即创业者构建其人际网络或社会网络的能力。创业者人际资源可分为：同学、朋友、同乡资源；职业资源。现在社会上同学会很盛行，大学是将全国各地的人聚在一起，这类资源具有潜质与分布广的特点。朋友资源的人脉包括同学与生活中认识的人。对创业者而言，效用最明显首推职业资源。所谓职业资源，即创业者在创业之前，为他人工作时所建立的各种资源，主要包括项目资源和人际资源。充分利用职业资源，从职业资源着手创业，符合创业活动"不熟不做"的原则。尤其是在国内普遍认同和执行"竞业避止"法则的情况下，选择从职业资源着手进行创业，已经成为许多人创业成功的捷径。

（五）谋略与胆量要素

创业者的智谋，将决定创业者创业的成败。在目前产品日益同质化、市场有限、竞争激烈的情况下，创业者的能力较为重要。对于创业者而言，创业需要胆量，需要冒险。冒险精神是创业家精神的一个重要组成部分，创业者要分清冒险与冒进的关系。

第二节　创业及其与创新的关系

一、创业

（一）创业认知

一般情况而言，创业是凸显人主体地位的社会实践活动，是人类借助服务、技术、工具等自身拥有的资源，从事社会生产的一种劳动方式，具有广义和狭义两种概念：广义的创业指各行各业的人为了创造价值、成就事业而进行创造性的社会实践活动，其功能指向成就国家、集体和群体的大业，突显主体独有的理念、能力和行动等；狭义的创业指经济学领域的概念，是主体为了解决就业或创造经济/社会价值而成立一定规模的企业，专门供应某项物质产品或服务的经济活动。

创业是人类在社会生产实践中，通过自身敏锐的洞察力发现商机，并据此成为商业主体，创造出新的产品或服务，充分发挥其潜在价值的一种复杂的实践活动过程。这一过程通常指从创业意识萌发到落地实践进行的阶段。

创业的特征表现为四个方面。①复杂的创造过程。开创的新事业必须是对个人和社会都具有价值，否则创业活动毫无意义。②需要付出巨大的努力。创业活动要成功，需要创业者花费大量的时间、精力和体力。因为大多数情况下，创业初期都非常艰苦。③需要承担一定风险。创业面临的风险表现形式各有不同，主要涉及资源、市场、财务、技术等方面，创业者要有一定的魄力和胆识。④预期会带来回报，包括精神和物质两个方面，是创业者从事创业活动的主要原因，也是其在创业活动中奋勇向前的动力。

由此可见，创业是主体发现商机，借助已经掌握的信息、资源、技术等，利用一定方法和手段，在现有基础上创造出新的产品或服务，最终实现创业目标的创造实践过程。

1. 创业的意义

（1）站在社会角度来看，创业能够推动科学技术的创新研发，促进国家整体经济形势的繁荣发展，在创造出丰厚的物质财富、带来巨大经济效益的同时，还能够增加就业机会，提升整体就业率，有效帮助缓解就业形势。"当前，我国经济已由高速增长阶段转向高质量发展阶段，高等教育的理念、结构、模式、体系等都迎来了进一步革新。"[1] 另外，创业活动对促进我国创新教育改革发展，培养社会急需的创新型人才意义重大，能够为创业型教育活动提供宽广的实践平台和现实理论。

对社会而言，创业具体的意义和作用表现在四个方面：①增加经济效益，提高经济发展水平；②拓展就业渠道，缓解就业压力；③推动科技和社会发展，提高整体创新能力；④带动区域整体发展前进。

（2）站在个人角度来看，创业需要付出巨大的努力，会面临不同的困难和风险，这些考验会不断促进个人思维和实践能力的提升。

首先，创业可以满足生存需求，获得经济回报。

其次，创业有利于实现个人价值和社会价值。选择自主创业是为了通过这一途径证明个人能力。创业者可以在一个空间里发挥个人才能，通过影响一部分人实现自我价值，得到社会认可。

最后，创业是一种职业。在就业成为主流的情况下，自主创业的人越来越多，甚至成为社会主流，成为大学生毕业后就业的重要选择。

2. 创业的类型

创业可以依据不同标准进行多层面划分。进行创业类别划分的目的是帮助主体通过对

---

① 温馨月. "双创"背景下大学生创业能力培养研究 [J]. 投资与创业，2022，33（4）：37.

不同创业决策的对比，找出最适合的创业类型。因此，创业具体可从以下层面进行划分。

（1）从动机划分，创业包括：机会型创业、生存型创业。

（2）从企业建立渠道划分，创业包括：自主型创业、企业内创业。前者是创业个人或团体从零开始创造新的公司；后者是已经发展成熟、步入正轨的企业为了得到更好的发展，刺激创新或使创新成果转为现实生产力，利用授权或物质支持等方式进行创业。

（3）从主体划分，创业包括：大学生创业、失业者创业、退休者创业、辞职者创业等。

（4）从项目性质划分，创业包括：传统技能型创业、高新技术型创业、体力服务型创业、知识服务型创业等。

（5）从承担风险划分，创业包括：依附型创业（依附大企业/产业链或进行品牌加盟）、尾随型创业（模仿他人成功经验）、独创型创业（填补市场内容或形式空白）、对抗型创业（对抗垄断企业）等。

（6）从周期长短划分，创业包括：初始创业（从无到有）、二次创业（成熟期在创业）、连续创业（初始创业到二次、三次等）等。

3. 创业的阶段

创业过程包括以下四个阶段。

（1）识别和评估市场机会。

第一，创业机会的识别。市场缺失情况下，有创业思想的大学生会嗅到创业机会。创业机会的识别，是大学生创业中最基础的一步。

第二，市场信息的收集与调查。观察法是最简单的信息收集方法，大学生创业者可以通过观察潜在客户的行为或反应，达到收集所需信息的目的，也可以通过观察行业先进者的行为，获取必需经验。观察法获取信息较为客观，具有一定的真实性，但很难了解用户需求的真正动机。面谈法指与潜在客户面对面交谈的方法。通过面谈，大学生创业者能够较容易地获得所需信息。因此，应根据所处的实时环境，创业者灵活采用不同的谈话技巧，使交谈顺利进行。此外，创业者也常常采用电话询问与网络问卷法进行市场信息的收集与调查。市场调查的主要内容包括：政策法律环境调查、行业环境调查、宏观经济状况调查等。

第三，创业环境综合分析。SWOT 分析是大学生进入市场进行机会评估的重要方法之一。评估创业环境优势和劣势、机会和威胁，用以对创业机会环境进行深入全面的评估和选择分析。

（2）准备和撰写创业计划书。

第一，创业计划书的内容。一个风险投资公司每月都要收到各式各样的创业计划书，为了确保创业计划书能够引起风险投资者足够的注意力，必须进行充分周密的准备工作。创业计划书一般要包括：创业公司摘要、创业公司业务描述、产品或服务、收入、竞争情况及市场营销、管理团队、财务预测、资本结构等。

第二，创业计划书的制作。整个创业计划书应有一个精彩的概要，用以吸引投资者的注意力。撰写创业计划书的最主要目的是吸引投资者，使他们产生兴趣。另外，在寻找投资者之前，需要做好市场调查，厘清投资者的基本情况，更细致地呈现投资者感兴趣或者关心的方面。所以，制作创业计划书要清楚收益、成本以及风险等问题。

（3）获取创业资金。

第一，融资方式。融资方式包括银行贷款、股票筹资、债券融资、融资租赁等。银行贷款是企业最主要的融资渠道。按资金性质而言，银行贷款分为流动资金贷款、固定资产贷款和专项贷款三类。一般企业采用发行股票的方式进行筹资风险相对较低，有助于企业经营机制转换为具有独立自主权利、可以担负本企业盈亏、依靠自身发展并进行自我限制的独立法人。

采用发行有价债券进行融资的创业公司，一般要经过法定程序，承诺在规定期限内连本带息一起偿还，而且在发债企业与投资人之间形成债务与债权的关系。在该企业进行破产清算时，作为债权人的投资企业享有剩余资产优先分配权，并且对债券具有自由转让处理的权利。融资租赁将融资与融物相结合，兼具金融与贸易的双重职能，提高企业融资效益，促进创业企业技术进步，包括直接购买租赁、售后回租以及杠杆租赁等。

第二，风险投资。股权融资是创业者用未来企业部分股权换取投资的一种融资方式，如风险投资。近年来，风险投资逐渐为创业者所熟悉，并在风险投资支持下，企业成功发展的案例激发了无数创业者的激情。

（4）管理新创企业。

第一，企业法律组织形式。在创建新企业之前，大学生创业者应该事先确定企业的法律组织形式，一个新创企业可以选择不同的组织形式，但无论选择哪种形式，都必须科学衡量各种组织形式的优点和不足，决定合适的组织形式。

第二，企业组织结构。企业的组织结构主要分为职能制、直线制、事业部制等。

选择"职能制"的企业中，相关管理责任与职权并不是由主管直接负责，而是分配给设立的相应职能机构。这些职能机构在职责范围内有权利指挥自己的下属行政单位。

"直线—职能制"是由直线制与职能制相互补充形成。直线制领导以及相关人员可以在职权范围内决定以及指挥下级行为,并且对自己部门的行为负有全责。

直线制是在企业中最早出现的,也是复杂程度最低的组织结构。采用该组织结构的企业各级组织之间是直接领导的关系,即下级只有一个直接的上级,一般适合规模较小、生产技术复杂程度低的企业。

对于"职能机构"以及其中的人员,是为领导进行直线指挥时提供参考意见并对业务进行指导,但并不拥有直接向下级部门下达命令的权利。

事业部制是公司在管理上采取的高度集权的分权机制,一般适合规模比较庞大、产品种类复杂、技术复杂程度较高的企业。在国外,大型联合公司采用该种机制比较多,近年来,我国也在尝试向企业引进该类组织结构。

(二)创业精神

创业精神是突破现有资源限制而追求商机的精神,从这个角度来讲,创业精神是突破资源限制,捕捉和利用机会,敢于承担必需的风险,为创造新的某种价值努力发挥创造力,实现创新的一种心理过程。

大学生要培养自己的创新思维能力,善于在已有经验的基础上,发现新事物、创造新办法,从而解决新问题。大学生要勇敢面对挫折,具有坚定的创业意志品质。

二、创业与创新的关系

(一)创新精神推动创业

大学生创业者通过技术创新,即新产品或服务生产的新流程,获得战略优势。在一段时期内,获得战略优势的创业企业可能是唯一使用该创新手段的企业,所以,该企业可以预期获得"垄断利润"。但是其他企业如果发现这个创新技术并模仿该技术,这样创新就进一步提升了整个产业的生产力,并且在模仿中涌入大量新思想,使垄断利润逐渐减少并最终达到平衡。之后新的创新循环开始。在创新过程中,有创新目的的大学生需要一定的经济利益支撑创新技术的研发,大学生创业者在新的利润增长点的驱动下,需要创新实现垄断利润。创新者在寻找创新点的同时,需要创业实现对创新持续的支撑。创业来自新产品、新技术、新供应来源与新组织的竞争。创新不仅是竞争的工具,也是保障的基础。所以,创业推动创新是新时代创业浪潮最典型的特征之一。

（二） 创业精神推动创新

创业精神意味着有远见、睿智地运用相关工具，精力充沛地执行创新创业战略，以及带有冒险倾向性的判断与决策。创新型组织需要在组织中创造一种结构（部门、团队、专家小组等），利用资源并承担推动创新的责任。倘若缺乏创业精神，有效的组织变革便不会发生。

在现实中，创业精神会在不同的阶段发挥作用，例如，在一个大学生创业者新成立的企业里，员工冒着巨大的风险，将新产品投放市场。创业精神更多体现在更新企业现有产品和改进生产、提供产品的方法层面，与新创企业所需的创业精神同样重要。通常被称为"内部创业者"或者工作在"公司创业部门"及"公司风险投资部门"的创业者。当然，改变事物的激情并不一定要围绕创造的商业价值，也可以在改善生产条件或是在更广泛的社会领域与社会环境可持续发展方面做出改变，这一领域被人们称为"社会创业"。在创新创业组织的生命周期里，创业精神驱动创新，从而创造商业价值和社会价值。

第三节　大学生创新创业教育

大学生创新创业教育是一种新的教育模式，是一种各方面教育教学理念相结合的教育，需要针对高校学生，同时符合当代经济发展要求。"'双创'背景下，国家创新创业政策逐渐向大学生倾斜。"[①] 创新创业教育的主要目的，不仅是培养学生的探索精神和创业能力，也是提高学生创新思维的同时，培养他们自主意识。创新创业教育不同于传统意义上的教育思想，而是使高校教育教学和创业之间关系更加密切，从而提高学生的整体思维能力与创业素养，与当代信息发展与经济环境相辅相成。此外，创新创业教育已逐渐从单纯的教授知识转变成重视素质与创造力的培育，为高校学生走向社会、走向创业之路奠定牢固的根基。

一、大学生创新创业教育的特点

创新创业教育提倡自主意识，而不是等待让他人挑选，要求大学生具备自主创造力，

---

① 　尹东昊. 构建大学生创业帮扶机制探索 ［J］. 合作经济与科技，2022（16）：107.

也需要有相应的探索以及创新能力。只有这样，大学生才能在走出校园后发现自我，自主探索。

创新创业教育是基于传统教育方式演变而来，特点包括以下方面。

第一，传统教育模式的目的性较弱，而创新创业教育是以学校学生为对象，并且目的明确。创新创业教育不仅可以给学生创立更多的创业机会与创业建议，还可以让学生到相关企业进行实践，了解更多的管理思想。这与学校里相对应的教育方式有创业进程设计、定期定点实践以及开展管理经营教学等。

第二，创新创业教育的核心是实践，通过各项实地实践，可以激发学生的创业思维。例如，高校不仅设立和创业有关的活动或者竞赛，还可以设立相关创新理念或创业能力方面的奖金，建立相关的创业中心、创业协会、学校创业社团基地等，都可以使学生了解创新创业教育模式。

第三，创新创业教育需要有相应的依托。高校自行建立的创新创业基地，可以很好地实现这一目的，能够给本校学生提供更多的创业课程以及管理理论知识。例如，建立研究中心或者创新创业基地，为学生提供一个良好的平台。

二、大学生创新创业教育的本质

（一）创新创业教育是新型素质教育

高速发展的信息时代，让高等教育走向大众化、普及化，而创新创业教育是当今时代高等教育发展的必然走向。当前，世界各国都十分重视创新创业教育对国家经济发展的作用，我国亦不例外，创新创业教育已成为我国教育改革的突破口，受到学界广泛关注。

素质教育是在传统教育基础上更新而来，是对传统模式的反思成果。素质教育相较于守业教育，呈现出明显的综合化、全面化倾向，其教育目标是提升受教育者的综合能力，实现人的全面发展。

创新创业教育是知识型时代、数字化时代下发展的新型教育模式，标志着高等教育进入全新阶段。创新创业教育的出现推动了素质教育的变革，让素质教育升华为与时俱进的实践教育。创新精神、创业能力等是新时代人才的重要素养。为了顺应时代需求，创新创业教育应该开展具有创新性、实践性等特征的教学活动。可以说，创新创业教育是素质教育在新时代需求驱动下的更高层次的深化、延伸。

（二） 创新创业教育是四创合一教育

创新创业教育是创造、创新、创业、创优四创合一教育，其目的是培养学生的创造性思维、创新精神、创新能力、创优意识，最终目标是实现人的全面发展。

创造是一种思维方式，创造需要经过新想法的提出、新理论的建构、新产品的生产等，从无到有的过程；创新是一种发展能力，以现有的思维模式对现存事物的重新发现、重新认识，所有有价值的新事物、新思想的诞生都可以看作是创新成果；创业是创新和创造进一步发展的结果，将创新、创造结果应用到管理或技术上产生一定经济效益，在现代社会创业中被视为一种生存方式；创新创业教育所培养的是一种精神品质，是创造、创新和创业的升华。

所有新的物质或者精神成果都属于创新，而试图将创新性成果落实的活动过程就是创造；利用商业机会和社会资源将这种创新性成果应用于生产活动动态过程就是创业，其贯穿于创造与创新的始终。

（三） 创新创业是教育体系的一部分

创新创业教育模式是一种新型教育模式，但并不是对传统教育全盘否定的模式，而是在传统教育基础上延伸、发展而来的教育模式；创新创业教育对固化、刻板的传统教育进行改造，更强调"综合式教育"，即强调基础教育与职业教育、继续教育有机融合，又关注知识理论、实践技能、情感体悟的共同开发。简而言之，创新创业教育是为适应时代需求，在传统教育模式基础上衍生而来的新式综合教育模式，是对传统教育的一次继承与发展。

三、大学生创新创业教育的机制

（一） 内在契合机制

1. 创新与创业教育内在契合条件

创新教育是创业教育的基础，创业教育把培养大学生对待陌生事物的应变能力和创新能力作为出发点，致力于培养学生的高创新意识和思维结构，将学生培养成有创新思维的、有思考能力的学生。在培养意识的同时，也要传授给学生们知识技能，教育的意义在于教书育人，向传授学生有实践性的知识技能，提早锻炼学生的就业意识和创业心理，让大学生在真正进入社会的时候不至于措手不及。创业教育的成功通过创业来提高学生的就业成功率，可以极大程度地转变学生的就业观，帮助社会维持稳定的状态。创新教育的侧重点是对人的总体发展进行把控，更加侧向与对思维的培养，而创业教育则更加侧重于对人的自我价值地实现。

创新教育和创业教育两者有着相同之处和不同之处，是两个辩证统一的教育理念。两者的目标有着一定的趋同性，目的都是为了培养大学生的创新精神和实践技能，总的而言都是为了新时代的发展作出努力，是推动新时代发展和教育历程的关键内容。创新创业教育是一个统一完整的教育体系，为了促进创新教育和创业教育的联合统一，需要做出一些努力。

（1）明确定位创新创业教育学科。要明确定位创新创业教育学科，想要对一个项目进行评估，就要对其进行定位，有了一个准确的定位，才能对其进行衡量。创新创业教育是大学教育的一项重要内容，创新创业教育，在学科教育中占据着十分重要的地位。高校学生在把握市场动向时，不仅需要掌握技术创新，还要及时创新思想，顺应时代潮流。

（2）认同创新创业教育。

第一，创新创业教育覆盖面较窄。从目前的形势来看，已经有一部分大学生在高校组织的创新创业教育活动教育中取得了一些收获，但仍有大部分学生并未在这一活动中收获经验，这也就难以形成创新创业教育的热潮。在高校组织的创业教育的活动中，学生们的创业成绩是学校所关注的重点。但这些活动并非高校中的所有学生都参与进来的，参与的学生提高了自己的技术能力，不参与的学生拉大了与精英学生的差距，成为事件的旁观者。学校所设立的大赛与社团都是有着较高的门槛，需要一些有能力和技术基础的学生参与，而大多数学生会因为能力不足而被排除在这些组织之外。

第二，创新创业教育认识不清。大学生作为社会创新创业中的主力军，大学生比社会中的其他人员拥有更多的专业知识，但在创业过程中往往会出现创新创业经验不足的情况，由于大学生刚步入社会，人际关系协调能力较弱，抗压能力也不强。所以，心理素质较差的学生在毕业之后最好不要选择自主创业，否则在极大程度上面临失败。换而言之，虽然不是心理素质较好的学生去创业就能够成功，但他们会比心理素质较差的学生的成功性更大。可以看出，高校对学生的创新创业教育更多的是应该面向全体学生的，而不应该发展为精英教育，只让小部分学生参与其中。

第三，完善创新创业教育政策。创业作为促进社会发展的一部分，应该对其创新创业教育制定相应的政策，是一项系统性的工作。对待这项工作，不能只关注一方面，需要多方考虑，需要全社会的帮助，也需要政府进行干预，因为一些与之相关的系统，还缺乏一些相应的政策，同时，我国对大学生创业也给予极大的关注，毕业生在创业时会遇到许多问题，创业环境也过于艰辛。同时，因为这些问题的存在，会打击学生的创业积极性。

2. 创新与创业教育内在器合路径

高校教育需要制定合适的路径和目标，然而路径的制定需要确定发展的目标，并寻找适合的路径，这一合适路径的目的是为了提高大学生的创新能力和综合素质。高校管理层必须率先转变思路；教师也需要转变固有的教学模式和内容，教育是需要同时代结合的，需要教师树立创新观念，需要政府和社会对创新创业教育进行干预，提供支持，使学生了解到毕业即工作，不是自己的唯一目标，而是要加强自身的创新意识，加强自身创业思想。

（1）转变教育理念。

第一，以培养全面发展为创新创业人才培养目标。高校学生毕业后可以从基层开始锻炼，从基础的工作中吸取工作经验，增强学生在工作中的实践能力和动手能力，经过了一系列的实践后，才能具备创新创业的决心。在创新创业的过程中，可以及时改变自己的心态，提高自己的心理承受能力，努力进行创新创业。并且在创业活动过程中，大学生还可以积累一定的经验，丰富自己的见识，拓宽自己的人脉，从而提高创业成功的概率。

第二，明确创新创业人才的知识结构与能力结构。专业知识能够帮助一个人在某一特定行业中提升职业技能，并且这种专业技能在就业工作过程中的作用是不可替代的，发挥着关键的作用。为解决大学生就业问题，可以从提高大学生的就业能力入手。较强的就业能力可以提升个人在创业活动中自我存在和自我发展的能力，可以应对社会创业活动中存在的一些问题，与此同时还能为自己未来的发展提供一定的竞争筹码，赢得更多的创业和就业的机会，从而缓解就业带来的压力。大学生在创业的过程中，可以尽可能地将自己的职业发展方向与个人兴趣相结合，充分发挥自己的优势，这样才有更大的动力达到自己所设定的目标，从而最大程度实现自己的价值。

第三，改革高校人才培养模式。高校要构建以大学生为主体的教学模式，改变传统的教师讲课、学生听课的传统模式，只有让学生参与到课堂中来，参与度足够高，才能够有体验感和参与感，才能够调动学生的创新意识和创业能力。

（2）利用校内多元渠道。构建以创新创业为核心的课程体系，目的是为了培养更多具有创新意识，能够自己创业，能够独立参与工作生活，以及能够将社交、管理处理得游刃有余的专业性人才。为了达到创新创业教育有更多发展机会的目的，就要从更多方角度更加客观认识到创新创业教育的意义。才能够发挥其对社会的推动作用，对待创新创业教育的构建必须要符合社会需求，符合国家教育国情才能够稳固。

创新创业教育有着四个核心内容：①创业理论，有着充足的理论基础的前提下，再开展创业活动，能够加大成功的概率，创业理论是对整个创业活动进行研究和分析，通过学习把握创业过程中的规律；②创新能力，有创新意识才能创业，创新贯穿了整个创业过程的始终，也是创业的核心之处；③创业精神，在创业过程中，困难和挫折是不可避免的，这就要求创业者有着坚定的思想和精神，有着强大的心理素质，才能成功创业；④创业技能，创业者在创业过程中要具备一定的实践能力，否则将会是纸上谈兵，不能够成功。只有同时具备以上四点，才是创新创业教育的基本框架，而且这四个要素，相互联系，缺一不可。

对于有创业想法的人而言，如果能够接受相应的创新创业教育，那么对于整个社会创业局面的发展就会有推动作用，可以避免一些不必要的失败，可以让创业者能够更加快速地踏上成功之路，也可以充分调动创业者的创业技巧，对于创新创业教育课程的改革，必须要遵循理论同实践相结合的原则，要注重将各学科充分融合运用。创新教育已经在高校中有了一定的关注度，这种创新教育是为了开发和保护大学生的好奇心与创造意识，培养学生的创新精神和科学精神，可以为以后实现世界观、人生观、价值观奠定基础。大学生是最快的可塑之才，如果能够锻造创新思维的话，那么整个国家青年的素质都会提升。

第一，加强产、学、研三方合作教育。创新创业课程是一项社会实践课程，它的性质就规定了这项课程的发展需要依靠一些外界的社会力量进行干预，仅通过高校自身的教育是行不通的。要同社会上的优秀企业和事业单位进行合作，构建创新创业平台。实现创新创业教育，要集生产、学习、科研于一体，不只是简单的对学生进行知识的灌输，而且要给学生的实践提供机会和场所。

高校将生产、学习、科研纳入课程范围内，是未来的教育走向，是社会对于创新教育的需求，是创新创业教育改革的一大关键要素。具有独立创新的意识，是国家屹立于世界民族之林的重要原因，如果缺乏创新性，不管是团体还是国家都会停滞不前，大学生作为社会中最具有活力的群体，需要具备创造欲望。因此，要提高学生的创新创业精神和创业能力，为国家的创新发展提供不竭的支持和动力。

在进行实践活动的同时，高校应当多邀请创业成功的企业家，或是学生的学长前辈到高校中给学生们演讲，传授经验。也聘请成功人士为校内教授，这样更有助于学生和其进行更有效的沟通，能够更加及时和准确地给学生们提供创业信息和学习指导，可以将创业成功者所熟悉的领域作为开发创新点，交给学生们进行开发，这样既可以调动学生们的积极性，也可以提升企业的创新活力，学生们也可以通过这种方法获取一定的利益，一举多得。在这一活动中，密切了学生和企业家之间的关系，学生在步入社会之后，也是一笔巨大的财富。

第二，深化创新创业教育教学改革。创业教育除了体现在内容方面，还有形式，创业教育同传统的就业教育有所不同。所以高校在对效仿学习国外学校对学生的创新教育经验的同时，也要对学科进行教育创新，对创新创业教育的改革要进一步深化，要建立一个适合中国国情的创新创业教育。在开展教学实践的同时，不仅要建设行业和专业的课程，还要丰富创新创业教育的知识结构，拓展学生的知识面，让学生有自己的学习方法和知识框架，学生可以根据自身的学习情况，吸纳自己所需要的知识和课程。在打牢基础的前提下，也要借鉴和吸收国外院校的成功经验，让学生们在创新创业教育中能够学习到一些真正有益的知识和内容。

除了课堂上的知识教育外，还需要进行课外实践活动。通过具体的创业案例来进行实践教学，可以定期进行就业创业大赛，或是邀请相关的专家开展访谈交流，通过比赛激发大学生创业热情，增加与其他学生的交流，为学校的教育注入色彩。同时可以增加学生同专家面对面交流的机会，例如，开展对话交流论坛、讲座等。此外，学校还可以给学生举办多种多样的创业实践活动，例如，把学校刊物的编辑工作交给学生来完成，使学生们发挥自己的创意等。高校要引导学生积极参与到策划当中来，开发学生独立思考的能力和创新意识。

第三，搭建创业实践平台。创新创业教育是一种要用于实践的教育，所以单是课堂上对学生进行创业理论知识的传授和邀请成功企业家入校对学生进行演讲教育是完全不够的，这些并不能够完全激发学生的创业意识，创新创业教育更重要的是，让学生在实践当中有所体会，有所感悟，能够获得真正的体验。针对这一观点，学校在对学生进行创新创业教育的时候，应当注重尽可能多给学生提供创业支持，要充分发挥学校的管理服务功能。增多校企合作，给学生提供更多的实习机会，可以同一些企业进行合作，同视野单位进行合作，多鼓励学生组建创业团队，为学生创业提供一个更好的环境。学校可以多多组织创业竞赛活动，让学生们有更多的机会参与进来，从而可以增强学生的就业创业参与意识，促进一步推动就业创业的发展速度，提高学生的创业能力。

（2）优化校外环境。如果只通过高校本身来贯彻落实创新创业教育几乎不可能实现，校外环境以及社会支持必不可少。尤其是政府相关部门应当充分发挥领导作用，全面配合落实创新创业教育活动。对于学校的开展而言，校方应当在政府相关部门帮助下合理运用市场机制。政府相关部门所发挥的作用在整个创新创业教育过程中具有一定的管理权利，有权采取一定的措施来构建社会的和谐稳定发展，也可以对部门社会现象做出调整。总体而言，政府与高校两者密切相关、相辅相成、相互促进，因此在高校落实创新创业教育时应当从以下方面进行。

第一，落实与完善国家创新创业的政策。随着时代的不断进步，党和政府高度重视并提倡全民创业，为了响应国家的号召，各个地方的政府相关部门都出台了有关创新创业的政策并予以响应的指导，其最终目的还是为了提升大学生的创新创业能力。

第二，建立政府部门与社会多元化的融资渠道。高校开展教育活动的经费大多源于政府部门，只有政府部门足够重视高校教育并加大资金投入，高校才能够获得更高的口碑。政府相关部门在投资时也会更加侧重于创新能力以及科研能力较强的高校，还是具备一定的竞争机制并且是效率高的学校具有优先权，但总体而言，还是遵循公平公正的原则。应当从思想上重视，用实际行动来对创新创业教育事业做出贡献，不断加大对于高校的投资力度。也可以为大学生谋求最大化的创新创业基金，主要通过建立"大学生创新创业基金"的方式开展，常见的三种渠道有社会募集、贷款、政府扶持。

第三，给予高校更多的办学自主权。政府相关部门在管理与调控高校的过程中，总是将人民的利益放在首位，贯彻落实以人为本的观点。给予高校更多的办学自主权，才能使高校能够合理合法地对学校教育与发展实施自主管理，这实际上对于政府相关部门自身的管理而言也十分有利，可以在法律规定的范围内对监督与管理高校的活动，由此可见，尽管高校具备高度的自主权，但与政府相关部门的职能还是密不可分。高校若想真正实现办学自主权，具体而言就是招生办法权、费用制定权以及学校开设专业的自主权，实质上需要从调整政府职能出发。

（3）提高大学生自身素质。创新创业能力的形成是相对漫长的过程，在这一过程中，需要不断地积累经验，再加上自身不断努力才能够有所提升。对于高校而言，各大高校应当重视并加强对大学生创意创业能力的培养。

第一，进行心理障碍辅导。一些外在条件看似是阻碍大学生前进的主要因素，实际上，大多数学生所遇到的都是心理问题，他们内心缺乏坚定的信念并且对创新缺乏自信心，对自己缺乏信任。若想让这一问题得以解决，学校必须将心理疏导带入课堂，着重培养学生的自信心与自我认同感。教师只能起到疏导的作用，关键还在于大学生自身的调节，自身要转变心态，与同学或老师及时沟通，逐步培养自己的自信心。

在创新创业的组成成员中，大学生占据很大比例，无论是拼搏精神、思维能力、创新意识，都体现出当代大学生非凡的风采，也是大学生不断努力、超越自我的集中体现。人的潜力无限，一个人的一生所被激发的潜能只有很少一部分，创业的实际操作性很强，并不是理论完善的人就能够成功创业，只不过当代大学生具有不错的机遇以及创业平台。

第二，培养自主学习能力。自主学习是与传统的接受学习相对的现代化学习方式，学生通过独立分析、探索、实践以实现学习目标，自主学习能力主要的特点包括以下三方面。①自主性。自主性指的是个体生命不是在被强迫着去学习，知道学习的重要性，能够自觉且自愿地去学习。②能动性。所谓能动性是指个体能够自主并富有创造性地开展学习，不仅是单纯地输入知识，而是自身不断吸收与消化，将其转化成为潜在的能量。③创造性。人之所以需要不断学习，就是为了能够学习新思维、新方法、新知识，能够顺应时代的发展，紧跟时代步伐，进而立足于社会之中。在知识不断更新的时代中，大学生必须掌握自主学习能力，在日常的学习与生活中，不断激发自身的创造力，真正做到热爱学习，热爱生活。通过不断的学习，来掌握各个方面的知识，不断提升自我、完善自我并培养自身的创新意识。

总而言之，具有自主学习能力并能够具有创造性的学习是对当代大学生提出的基本要求，不仅对于个人，对于组织也是一样。具有自主学习能力以及创新能力的组织，必然会取得成功。之所以会取得成功，是因为组织也需要顺应时代的发展，因此学习不可停歇，并且还要求能够在短时间内高效学习，才能获取最新知识，优秀的组织必然是学习型的组织，只有这样，成员才能不断进步，进而充分调动大家的积极性。组织只有不断向前，才能够掌握新技术、新本领，才能够更好地推动成员的创新，最终取得成功。

第三，积极参加校内创业活动。对于大学生而言，他们的校园文化生活丰富多彩，留给自己支配的时间很多，因此大学生应当积极参加校内创业活动。校内创业不仅为校园文化增添了亮丽的色彩，并且还为大学生提供了良好的平台，为他们增添了宝贵的财富。在创业过程中最核心的则是创业精神，与同学、老师共同努力，不断突破与取得成绩的过程令人终生难忘，在创业过程中所形成的锲而不舍、不畏艰难、敢闯敢拼的创业精神让大学生终身受益。积极参加校内创业活动，在锻炼自我的同时还能实现人生的价值，获得自我认同感，培养自身的创新创业意识，这种创新能力的"第二课堂"可以让大学生不断丰富与完善自我，不断获取快乐，基于第一课堂的理论学习，第二课堂为大学生提供了自我展示的平台，大学生可以大胆提出想法并递交申请，出色的计划还可以用于参加创新创业比赛，可以为组织贡献自己的力量。

第四，积极投身社会创业实践活动。实践是检验真理的唯一标准，对于大学生创新创业也一样，创新创业能力的培养离不开创业实践活动，积极投身于社会创业实践活动中，更有利于大学生了解并认识社会，进而更好地适应社会，只有走出校园，不断锻炼自我，通过创新实践来不断提升自身的创新创业能力。创业并不能只停留于想法，更重要的是实践，国家十分重视大学生创业也予以一定的扶持，作为当代理想青年，应当肩负时代重任。

大学生应学会合理规划时间，充分利用课外时间并用于创业实践，可以通过市场调研、创业分析、社会需求调查等方面展开，也可以去相关的创业部门工作，深入了解创新创业，在体验生活的同时还能增长见识。高校在培养学生创新创业能力时，应当引导并鼓励学生积极参加创业实践活动，让更多大学生接触创业，在实践的过程中不断进步与发展，只有学以致用、理论联系实践才能够紧跟时代步伐，适应社会的发展。

（二）管理决策机制

大学生创新创业教育是教育类型中一种崭新的模式，正处于不断发展与完善中。因此在其实施过程中，需要根据实际情况来做出相应的调整。然而在大学生创新创业教育运行的过程中，会比成熟的教育面临更多的挑战与机遇。为了保证其能始终实现实效育人的标准，并且在其运行过程中始终适应这一标准，有必要建立健全高效的创新创业管理决策机制。这一机制也是大学生创新创业教育可以不断发展运行的关键性内容与核心因素。

1. 创新创业教育管理决策机制主体关系

大学生创新创业教育管理决策机制是由两个主体部分构成的：第一个主体是高校创新创业教育工作领导机构，它大都由高校的行政管理层人员组成；第二个主体是创新创业教育专家委员会，它的成员大部分是创新创业教育研究者或是教育专家。如果想要高效有力地执行管理决策机制，在其构建时就要重点关注高校创新创业教育管理决策机制中一些主体的定位以及决策权力的分配。

大学生创新创业教育管理决策机制的两个主体，是分工明确、各不相同而且相对独立的。其中，高校创新创业教育工作领导机构是对创新创业教育的整体把控，相当于首脑的作用，它负责整体规划该教育，全面把控着创新创业教育的创业物资、投资经费还有其发展与未来。领导机构的主要决策的方面是资源整合与分配，经费的投入占比，对市场的预期与调研和对其整体的规划发展。然而专家委员会是对创新创业教育研究的总管理者，专门负责教学内容、方法还有教学老师的培训等。总而言之，创新创业教育工作的领导机构重点关注的是未来发展与资源分配等属于宏观范畴的问题；而专家委员会的重点在于理论研究、培训等微观范畴的问题。

大学生创新创业教育工作领导机构和创新创业教育专家委员会两者虽然相互独立，分工也各有侧重，但是两者间也有更加紧密的联系。想要使高校创新创业教育工作领导机构更加的合理、专业、高效，就需要高校创新创业教育工作领导机构与专家委员会的协同配合。专家委员会需要为工作领导机构提供科学的建议与理论支持，而专家委员会的发展方向，也需要领导机构的正确决策。

大学生创新创业教育决策过程中包含两个方面：一是党委行政；二是学术教学决策。建立高校创新创业教育管理决策机制，需要明确两个方面所涉及的范围、程度、对象，明晰其在决策机制中的作用。要保证领导机构能够掌握全局，在整体规划中提供正确的决策建议，正确确立未来发展方向。同时也要确保专家委员会在培训教学等事务中可以达到最高效的效果，并且结果反馈给领导机构。在决策过程中，两个主体需要合理分工，共同推进高校创新创业教育的发展。

2. 创新创业教育管理决策机制运行过程

大学生创新创业教育的管理决策运行过程中，领导机构应是具有逻辑性与条理性的。首先领导机构一般会对现有的资源分配等问题进行分析，明确其完善与发展的目标。其次领导机构会为其提供多种决策方案。经过分析比对，确定最终实施方案并且推动方案的实施。在确定决策方案的过程中，领导机构需要根据专家委员会具体运行反馈的结果对决策方案进行整体评估，确定是否继续使用该决策方案。如果该方案存在不足，领导机构将对其进行调整与改进。在专家委员会的管理决策运行过程中，领导机构主要是对其决策方向进行总体把握。并且将学校党政对高校创新创业教育整体规划精神，在培训教学管理的过程中，落到实处，贯彻到位。

3. 创新创业教育管理决策机制构建原则

构建大学生创新创业教育管理决策机制，应遵守以下原则。

（1）把握中国特色社会主义的发展方向。大学生创新创业教育的目的是培养优秀的创业者，来服务于中国特色社会主义事业。因此，创新创业教育的决策方向一定要是正确的。

（2）明确面向广泛学生群体的发展思路。创业创新教育应适应国家发展的各个领域、各个专业、各个背景的学生。创业创新教育应使他们认识到自己的能力是有价值的，提升能力更是对社会是有价值的。

（3）遵循面向社会的实际导向。经济社会转型升级与发展需求要求创业创新教育进行调整，这说明创业创新行业需要更高的标准来适应社会的转型。高校创业创新教育管理决策的过程中，要注意理论与实际的结合，不能将两者分开。以上高校创新创业教育管理决策机制应当遵循的基本原则，需要进行深刻的分析与理解，将其扩展提升为高校创新创业教育应遵循的基本原则。

第一，"全程性"与"分层性"共同结合的原则。创业创新教育要想有着比较好的发展，必须具备开放性与延续性的特点，其也是终身教育系统的重要组成因素。全程性体现在大学创业创新教育阶段的开放性与延续性。高校需要将创业创新教育的目标与其专业教学体系相结合，更好地培养全面的创业创新教育人才。大学生的创业创新教育在不同的时期应当具有不同的侧重点。在刚进入大学的时期，应当先让学生们充分了解创业创新。所以这一时期应该重点培养创业者的创业意识，让他们掌握相关内容的基础知识。在学生们具有创业创新意识后，就应当有针对性地开展技能培训教学，并且不断提高学生在创业时间过程的意志力、创业能力与综合素质。然而，在培养高校的毕业生，应当重视教育延续性的特点，实施创业创新教育人才的培养，由全面人才培养到重点的创业创新人才培养。想要达到更好地发展创业创新教育这一目标，就需要将高校的创业创新教育落到实处，发挥其最大的作用。

第二，"理论"与"实践"共同结合的原则。高校在开展创业创新人才培养计划时，要重点关注理论与实际相结合。只有理论与实际相结合，才能培养出现代社会所需要的创新创业高素质人才。因此高校在培养创业创新人才的过程中，不仅需要加强理论课程的教学培养工作，增强学生的创业创新意识，提升学生的创业创新能力。还需要根据创业者的自身特点指导学生开展实践，并且积极号召学生参加有关的创业创新活动，来提升他们的创业创新能力，做到理论与实际相结合。

第三，"开放"与"协同"共同结合的原则。高校受到教育资源分配与资源有限等问题的影响，如果想要获取有利于培养创业创新教育人才的优质资源，高校应该坚持开放办学并与各部门创立共同创新体制机制，还应该为了培养创业创新人才，专门建立创业协同机制，将各部门的职能步调统一，更加高效的促进创业创新教育的长久发展。

4. 创新创业教育管理决策机制具体对策

从长远的角度来看，转变传统创业教育观念，树立创新创业教育课程理念是十分必要的。首先，高校的领导者必须了解创新创业的内涵，明确创新创业是以完成素质教育的要求为核心的，其目的是为受教育者创造更好的教育条件，同时，还要意识到除了普通型人才的培养外，自身还肩负着为国家培养创新型尖端人才的任务；其次，要清晰地认识完成创新创业目标的途径，意识到要以前瞻性的思维设定理念，并通过培养创新思维能力来实现目标。因此，各高校应以现实为立足点，明确创新创业教育的课程理念，以可持续发展的长远眼光来指导创新创业教育工作实践。

（1）加强创新创业学科建设，明确创新驱动发展要求。在创新创业教育协同机制中，高校处在培养大学生创新创业教育的最主要位置，应从科研、人才、资金等方面发挥出应有的作用。此外，社会总体发展战略对高校创新创业教育培养也有新的要求，因此，高校应明确自己的地位及任务，在实践工作中积极探索，寻找最佳方式与路径。合理的创新创业教育工作对我国经济发展起着正向作用，由此可见，建立并完善创新创业协同机制规范大学生创新创业教育势在必行。

大学生人才是高校创新创业教育的重要主体，在人才培养方面，应从四个方面着手。①制定规划，使人才培养工作有据可依，科学、完整地规划为创新创业教育实践工作的开展提供了保障。②转变观念，在传统观念的基础上，融入创新创业教育理念，并将这一理念运用到实践工作中，做到理论与实践相结合，不断优化调整，寻求最佳方式。③整合资源，重视各方资源，如政府的政策保障体系、企业的资金支持等，在此基础上不断推进教学与科研改革，完善教育规划，通过资源的合理配置达到激发大学生创新创业潜能与动力的目的。应特别注意的是，在资源整合过程中，一方面要激发学生参与创新创业教育工作的热情；另一方面还应完善教学系统，设立师生双向选择制度，帮助创业者和项目之间实现最优结合，以发挥出最大的潜力。④提升教学水平，高效深入研究创新创业教育理论，并积极探索实践内容，要通过设立多层次的课程充实课程体系，积极调动本校师生的积极性，提升他们在创新创业实践活动中的参与度，同时，还可以根据本校情况引进更先进的教学资源和师资力量，使本校的创新创业教育水平得到本质性提升。

（2）设计多样化创新创业课程，开展循序渐进式教育模式。设计合理、丰富、多样化的课程，应注意：①要将创新创业教育与专业教育相结合，对不同专业的学生给予针对性的指导，帮助学生在专业学习中树立创新意识，提升创新创业教育的实效性；②要丰富课程形式，在传统课本的基础上，增加政策性资料和文件，根据高校自身的实际情况，灵活地编写精编教材，为学生提供更加丰富的资源；③集中时间安排实验操作，弥补教学课时的不足，帮助学生拓宽知识渠道，最大限度地获取相关教育资源；④要保障课程教材的实践操作性，便于师资人员参考教材，进行合理的实验准备和人员安排。此外，还可以通过拍摄视频、制作幻灯片等方法，将实践中的操作技巧呈现给更多的学生，这样做可以突破教学时间与空间的壁垒，提升教学效率，同时，还可以将这些多媒体资源上传到互联网上，方便学生随时进行预习和复习，使学习时间与学习资源的利用实现最大化。

（3）丰富课外创业活动，鼓励学生社团开展。在创新创业活动中，学生社团具有得天独厚的便利条件，其自由化的活动方式、多样化的活动内容和以兴趣为导向的活动理念能够将有相同活动意愿的学生聚集在一起，营造良好的交流氛围，激发出学生创新创业的灵感与动力。

（4）构建专业的师资队伍，实现多样化的教学方案。一方面，学校要以本校师资力量为基础，为本校师资团队提供资金，帮助教师走出校门，接受更多的培训，吸收更多成功的经验，学习更先进的教学方法；另一方面，学校还可以引进校外的师资力量，直接改善本校教学水平现状。除了建设师资力量外，高校还要在课程上下功夫，坚持创新，设计出符合学生兴趣、教学方式灵活、能满足学生实践要求的优质课程，实现本校教育教学的综合提升。

（5）充分利用校外资源。高校具有开放性的特点，因此，可以在培养创新创业人才方面采取校企结合办学的方式，充分发挥外力作用，为大学生创造出更多创新创业的实践机会，以达到提升学生创新创业综合能力与素质的目标。

（6）完善教师激励机制。教师是高校教育工作的实践者，教师能否充分发挥其作用关系着高校整体教育水平的高低。因此，高校应对优秀的教师予以表彰，满足教师这一行业对精神荣誉的追求，激发更多教师的教育积极性；对于不同的教师，特别是将价值需求放在优先位置的教师，高校应通过设立荣誉职位等方式满足其对人生价值、学生与领导认可以及社会尊重地位的更高追求。此外，高校应以择优录取为原则建设师资队伍，建立、完善激励制度，鼓励教师充满热情地投入到创新创业教育事业中去。

（7）规范创新创业教育主体活动，建立有效的监督机制。监督机制是高校教育教学活动健康开展的重要保障。高校的地位及人才培养任务决定了高校教育工作必须正常有序。监督机制的建立，能够确保教师工作的规范性，也能端正学生的良好风气，同时，监督体制对监督的执行者也能起到监督的作用。由此可见，有效的监督机制能够使高校形成民主、自由的良好氛围，同时使每一个师生都能够树立主体意识，共同参与到优质高效的建设中去。

（三）激励与调控机制

1. 创新创业教育激励机制

高校的创新创业工作在政府驱动的同时，也要参考市场的导向。高校在创新创业教育体系中处于十分重要的位置，其发挥着教学科研、人才培养的重要作用，高校不仅将科学知识传授给学生，还可以培养学生的修养与品质，帮助学生树立责任意识，全方位承担着德育的主要责任。同时，高校能够帮助学生提升在创新创业方面的综合素质。因此，创新创业教育激励动力机制是一种互动机理，它推动着高校创新创业教育良性运行与实施推广的各内外要素间相互关系与作用的协调发展。

高校的外生动力则来自政府相关部门，帮助高校展开理论与实践的科研工作。以内生动力而言，高校教师参与创新创业领域的教育教学工作，一方面是其职业发展的必经道路；另一方面也是个人理想的追求体现。而高校学生参与创新创业教育，一方面是对未来职业发展的合理规划；另一方面也是自身全面发展的要求之一。以外生动力而言，政府部门作为我国高等教育最重要的外部推动力，能够为高校提供极其丰富的资源，社会则能够从荣誉感与成就感方面起到推动的作用。内生与外生动力所起到的作用不同，但是两者之间具有互相支持、互相作用的紧密关系，它们共同决定着高校创新创业教育发展的价值与未来。

（1）激励动力机制的运作。站在宏观角度上看，政府与社会机构同时作用于高校创新创业教育领域。对于政府而言，社会和经济的持续发展导致对改革的需求迫在眉睫，因此，在深化改革的大背景下，政府对创新创业活动的需求不断增大，对创新创业教育的科研与人才培养的要求提升，政府会推出一系列政策引导高校发展创新创业教育，同时也会提供一定的资源予以支持。

对于社会而言，我国发展空间广阔，创业机会众多，社会机构在这一阶段会具有更多的创业意愿，以此来实现社会责任与自身利益，因此它们对人才的渴望十分强烈，这就促成了社会机构与高校之间的合作关系。这种合作一方面可以使社会机构有更便利的条件引进人才；另一方面可以推动高校创新创业教育教学实践工作的开展，使高校能够通过社会机构的人才需求调整育人方向与专业设置。

创新创业教育是高校传授专业知识之外独立存在的一种功能，它的核心是培养学生全面自由的发展。在高校的创新创业领域中，全面发展的教育理念已经得到广泛认同，高校通过价值观、控制力、人际关系等方面的教育，提升学生的综合素质，为我国社会主义接班人的培养奠定坚实基础，也从内生角度推动高校创新创业教育的实施发展。

作为高校创新创业教育领域的两大主体，教师和学生参与创新创业教育的内生及外生动力对高校创新创业教育激励动力体制的研究有着十分关键的作用。从教师的角度看，他们是创新创业活动的传授者，他们自身对于创新创业教育工作的热情与兴趣，以及对教育目标的认同都促进着创新创业教育及研究工作的发展。而高校对于教师工作的合理安排、对教师工作表现的激励等，都能够帮助教师提高积极性。此外，和谐的文化氛围也会对高校教师的心理产生一定的影响，在一定程度上帮助创新创业教育工作健康开展。从大学生的角度看，他们是创新创业的受教育者，他们自身的爱好与兴趣，以及周围环境的积极影响能够提升他们对创新创业教育课程的认同感与学习热情。而高校则可以利用合理安排课程与学分，实施激励举措，提高学生在创新创业活动中的参与度。教师与学生作为创新创业教育活动中的两个主体，两者之间具有相互支持的关系：一方面，学生的创新创业需求推动着教师的教学研究工作；另一方面，教师的科研工作对学生参与创新创业教育课程有所影响，两个主体之间和谐有序的关系共同促进了高校创新创业教育的良性运行。

在高校创新创业教育中，激励机制的作用不容忽视，它激发了教师的创新科研的积极性，也鼓励着学生参与创新创业活动的热情。对此，高校可以将创新创业教学的实践指导考核指标划入绩效考评之中，并与教师的职务晋升及职称评定相关联，同时，高校也应对教师所取得的具体成果进行奖励，更大地提升教师的工作热情。除了对教师的激励以外，高校还要注重对学生的激励，可改革学籍、学分管理制度，为学生奖励更加自由自主的创业环境，使学生拥有较大的弹性时间与空间，从而合理安排学习与创新创业活动。同时，高校应为学生创造自主发展的机会，鼓励学生发挥主观能动性，参与创新创业教育竞赛，并对那些在创新创业竞赛中获奖的学生进行奖励。

从考试的角度来看，高校要创新考核方式，以替代无法满足创新创业教育的传统笔试考核方式。传统考试方式能够考查学生的记忆辨析能力，但是无法考查学生的创新意识与综合能力。因此，高校必须建立新的考核机制，以素质为导向，以学生的创新创业参与度及贡献度为评定内容，以综合答辩方式为考核方法，并将创新创业项目的阶段性成果作为标准，充分考查学生在创新创业方面的综合素质，体现出创新创业项目的独特目标。

设置创新创业教育基金也是一项行之有效的举措，通过教育基金，可以完善激励机制，对表现突出的学生及时给予奖励，提升其积极性。同时，还可以尝试将学生参与的课题研究、科研项目实验及创新创业项目等成果转化为相应学分。

在创新创业教育中，高校要与大学生形成协同合作，一方面高校要进行统一领导，保证全员参与；另一方面要推进教育改革，成立工作小组，由校长亲自挂帅。高校应呼吁全校师生积极参与，以较大的热情投入到创新创业项目中，并且加强各主体间的沟通交流，畅通信息通道；另外，在严峻的就业形势下，高校要响应政府号召，增加创新创业竞赛的频率，增大其规模，鼓励学生积极参与，并邀请知名企业家进入学校，分享成功的创业经验。

在激励机制的作用下，企业可利用技术、资金、渠道优势，并根据自身需要参与到高校的创新创业活动项目中去。企业可参与高校的人才方案规划与制定，与高校达成意向合作，扩大就业机会。还可以在高校内为学生举办分享交流会，为毕业或即将毕业的大学生提供必要的宣传和引导。在企业自身条件允许的情况下，企业还可以为创业的学生提供实践机会，帮助学生积累更多的经验，为其创业发展奠定坚实的基础，提供更多的支持。

（2）激励动力机制的原则。从高校的创业创新教育发展方面来看，其动力是来自多方面的，既受师生、学校的影响，也会受到政府的一定影响，所以，在对激励动力机制进行建构时，一定要以一定的原则为基准，在保证其中能够进行管理及决策的各方目标统一、能够互相配合的前提下，努力发挥出高校创业创新教育的真实力量。从其内涵和要素特点来看，在建立高校创业创新激励动力机制时，主要应当遵循以下原则。

第一，维护各方动力的动态平衡原则。所谓的对各方的动力进行动态平衡维护，主要包括两方面：一是保证各方相互适应，要让各方互相配合，共同推动创业创新教育，且程度上也要尽量保持一致；二是目标和发展方向要保持一致。之所以要重点关注这两方面，是因为在高校进行创业创新教育推动时，不同主体的推进动力不同，从寻求最优的角度而言，并不是动力越强效果就会越好的。

从宏观而言，如果高校对创业创新教育推进的动力比政府部门要小时，高校创业创新在社会经济发展方面所发挥的作用就会受到关注，这样高校就会对原来的教育计划进行调整，这对于教育发展自身而言，是不利的，而且对于其他的教学课程的进展也会产生一定的影响；反之，如果高校的动力比政府方面更大时，高校创业创新在经济方面能够发挥的作用就会被大家过分低估，政府和社会也就不会在意高校的创业创新教育发展，这样就会导致一些资源的配置跟不上课程的需要。

从微观来看，之所以会有动力失衡的情况出现，就是因为师生内外动力的发展不相匹配，在实施运行创业创新教育时就会产生阻碍，不能顺利推进。如果各方对于最终的发展方向和目标的追求不同，哪怕动力强弱是彼此合适的也是没用的，在进行创业创新教育时仍旧不会顺利。从宏观角度看待这个问题，会发现，在进行创业创新教学时，高校对于理论性的教学内容会投入更多，而政府和社会机构则更加关注其实践情况，这就导致双方的目标和方向不同，进而造成实际资源配置的不合理、不平衡，最终导致达不到原本预期的高素质人才培养目标。

从微观的角度来看，如果高校方面能够更加重视如何提升教学质量和水平的话，教师们就会想方设法提高自己的实际理论教学科研水平，这种情况下，针对什么样的资源才是与教师相匹配的，学校就会制定一定的考核评价准则，如果在理论规划方面，教师和学校的目标不一致，那么，创业创新教育相关理论研究的水平和教育质量水平将不能保证，效果可能会受影响。与之类似，如果在创业创新教育方面，高校更关注如何激发理念认同，就会导致学生在提升自己的综合素质和创业创新能力方面花费更多精力，而如此就会让学生觉得，此前学校在教育方面进行的一些课程规划和训练规划并不能与自己的实际需求相匹配，进一步导致教学资源配置失衡，影响创业创新教育的最终效果。

总而言之，要想保证在创业创新教育的过程中，各方的动力能够保持动态平衡，就要走科学发展道路，按照高校创业创新教育的发展规律进行相关设置。不管是从微观出发还是从宏观来看，即使在出发点、关注重点等方面各有不同，高校、师生和政府也应该互相适应、配合，最终形成一种良性协调关系。在推动创业创新教育的发展方面，只要能够确保各方的力量和方向目标始终朝向一致，就能最终达到理想的动态平衡。要想让高校的创业创新教育顺利运行，各方的努力和配合都很重要，要积极协调各方进行动力培育转化，因为精心地培育和转化对于各方动力的发展而言是十分重要的。

站在宏观的角度，虽然可以使用很多方法对学生进行全面的发展培训，但如果希望将政府的转型升级当作导向动力，并将其与高校的创业创新教育发展充分结合，那么政策引导以及对资源合理配置就十分重要。从微观角度出发，能够提升学生综合素质和进行学生能力开发的方法多种多样，如果希望把高校对创业创新教育进行推进的动力最终转化成学生自己的动力，就一定需要有一个合适的且同时具有显性和隐性的载体，通过这种特定载体的开发培育最终达到动力转化的目的。

从创业创新教育的实际情况出发，结合来看，关于隐性的载体，既可以包括在积极参与学校内组织的创业创新文化活动时，鼓励、支持学生，也包括大众方面对于进行创业创新活动的尊重和认同；而显性的动力载体则更加多样，如高校制定的奖惩相关规定、政府推出的一些鼓励政策，还有社会机构针对此项内容提供的一些物质及经费支持等都是显示动力载体。只有做到让各方的动力和不同层面的主体，在创业创新教育的过程中，都能积极主动参与到实际工作，同时要合理地引导来自不同层次主体的动力，并加以推动和进一步强化，才能促进推动高校创业创新教育的实施，并使其达到理想状态。

第二，防止各方动力的异化发展原则。一旦在高校创业创新教育的推动中，方向出现偏差或者力度把控不够稳定，或者说对动力的调控不够准确，就很容易发生异化现象，教育变得应试化、工具化就是动力异化的主要表现。在创业创新教育的推进过程中，政府部门和社会机构会忽略掉教育本身的价值规律，而对其短期成果过分关注，认为这是进行社会转型升级、提供创业机会的工具，这种现象就是典型的教育工具化。因为这种错误的引导，有的高校在进行教育培养时就会忽略关于创新理念方面的教育推进，而只重点关注学生在理论方面的学习成绩，这也与全面自由的育人观念相违背。

与工具化不同，通过考试这种十分传统的考核方式，对学生进行创业创新活动的结果进行有限评估，是应试化的典型表现，这样做并不能对学生的综合素质和创业认知进行清晰且正确的评估，在一定程度上，还会打击学生的热情和积极性。所以在坚持创业创新教育目标的同时，高校一定要把全面育人的理念贯穿始终，构建起具有特色的课程理论教学方式和科研方式，同时与各方的建议进行有效结合，及时沟通交流，对创业创新教育的本质特点和发展规律进行深刻的认识和总结，以便制定更加合适的培养方案。

（3）激励动力机制的策略。要想高校的创业创新教育协同机制能够顺利运行，达到理想效果，作为决策的主体方，应该对管理方式和方向进行科学合理的规划，对自身及其他主体方的工作任务进行明确，通过这些内容，可以保证所有参与其中的主体方在思想意识和发展的目标方向上保持高度的统一，通力合作，以整体的利益最大化为自己的出发点，进而发挥出己方的最大能力。与此同时，在工作流程和工作行为方面，也要制定好相应的规范，各方在开展工作时要严格以规章准则的要求为标准，高效率地完成自己的工作。

同时，奖励机制的制定也是很重要的，在制定奖励相关机制时，要把协作参与和信息的透明共享行为当作主要的标准，这样才能在各方进行项目决策时进行更好的协调，加强彼此之间的交流、沟通和了解，同时也能培养出合作者之间的默契，保证机制能够按照公平、公开、公正的原则进行运行。此外，奖励机制对于增强各方的竞争协同意识方面也起着一定的促进作用，这也对高校的创业创新教育机制整体协同工作效率的提高有良好的促进作用。

要想对高校的创业创新教育协同作用进行提升，最关键的一点就是要对利益分配制度进行完善。对利益分配和实施的机制进行完善，可以提升企业、行业单位在高校创业创新教育方面的参与度，激励它们更加积极地投入其中。①应当在高校中建立专项资金，专门用于对高校的教学设施及其他条件进行提升完善，以及进行校企协调培养机制的支持和发展。②要对参与协同培养的企业和导师进行一定的激励补偿，这样能够让企业和导师更加乐于参与进来，同时可以提高他们对高校创业创新教育协同培养的积极性和兴趣度。③要对指导教师的考评标准进行改革优化，新的校企合作教育指导教师考评机制应当能够对教师的工作量和教学质量进行科学有效的评价，同时，也要改革晋升机制，使其更加高效，这样才能让指导教师更加重视对学生能力的培养。④进行利益分配时，要对各主体的责任进行明确，相应的责任追究机制也要建立起来，这样才能让高校和企业在创业创新教育的协同发展中更好地进行合作。

只有政府部门、企业、高校互相配合，共同努力，才能保证高校的创业创新教育激励动力机制一直高效运行。只有国家和政府部门在政策、资金等各方面都进行全方位的支持与扶持，才能为创业营造出良好的环境。在高校的创业创新教育协同机制中，起主导作用的应当是政府，要想对目前高校的创业创新教育激励动力机制进行完善，可以从以下方面着手。

第一，可以制定一些保障高校创业创新协同运行的规定。在政策资源的掌握以及计划的制定方面，政府相关部门起着主导作用，因此，可以对将要参与创业创新教育的企业和高校进行积极的引导，可以制定推出多维度、多方位协同的针对创业创新教育模式的相关激励制度。而在整个多维协同的创业创新教育机制的实际运转过程中，需要注意高校才是进行路径创新的主体，因此通过创新制度，能够对创新路径起到一定的推动促进作用。

作为能对资源进行调配的一方，政府相关部门可以制定出更多的激励政策，为学生创业提供一定的资金保障，减少他们的创业风险，以此推动学生进行创业创新。例如，可以推动制定多维协同的育人制度，加快人才培养体系的建立建设，也可以通过对创业创新课程进行设计规划，充分调动起各方的积极性，让各方主体都能主动参与到创业创新当中。此外，对于如何协调处理好政府、企业、高校三方的关系，政府部门也要重视起来，可以通过进行资源配置和管理，积极对三方关系进行协调，从而保证创业创新教育的合作能够顺利进行，达到预期目标。

第二，要对创业创新的相关政策和法律法规进行建立健全，鼓励更多的高校毕业生加入自主创业的队伍。高校可以举办一些创业竞赛，在政府的帮助下，为一些好的、优秀的创业项目提供一定的支持，例如，资金、平台等，也可以为更多想创业的学生提供一个交流的机会，这样可以让学生的创业环境更加完善。也可以针对创业创新项目设立专项基金。

要想让创业创新教育更好的运行下去，外部环境的支持至关重要，所以，需要对创业的环境进行改善优化，成立创业专项基金，借助自身在技术、财力等方面具备的资源优势，帮助高校更好地进行创业人才的培养，为学生拓宽创业的渠道，对一些高校毕业生成立的创业创新企业进行扶持，以促进其健康发展。站在国家的层面，我们要重点扶持、支持学生开展的一些创业项目，设立创业创新专项基金，学生可以通过申请获得启动资金，以此对学生的创业活动进行支持。此外，也可以针对学业的创业培训设立一定的专项资金对其进行补贴。

在关于创业创新项目的知识产权方面，要加大保护力度，为创业学生的合法权益提供强有力的保障。因为大学生群体对于如何进行无形资产的专业评估普遍缺乏了解，因此，在实际进行创业创新的时候，学生们很容易忽视对于自己创业成果的保护。正是因为这样，在创业创新项目的一些产权发生纠纷的时候，学生的正当权益很容易会受到损害，因此，对高校的创业创新法制环境进行优化，是当务之急。

从企业角度出发，可以安排一些企业导师，深入高校之中，对进行创业创新的学生进行指导，为他们提供一些意见，同时，企业导师也可以成为企业和高校的沟通桥梁，高校可以根据企业产业部门的实际人才需求，对教学科研的规划进行调整，这样在进行创业创新人才培养时就会更有针对性。高校应当积极主动地与企业开展合作，对校企协同的人才培养模式进行调整完善。

在创业创新教育的前期，主要是产、学、研的结合，在此基础上，对全面协同育人工作进行进一步推进，将培养的目标方向定在了为经济社会的发展进行服务上。与此同时，通过校企联合培养的这部分创业创新人才，能够对企业和高校的相关教学资源和环境进行充分的利用，将各方的优势融合在自身的发展中，为高校加强和社会及政府间的沟通提供便利，从而对产、学、研合作教育的主体动力机制进行激发。

企业之所以愿意和高校合作，原因有很多，其中市场需求以及通过产学研能够产生的合作收益，是促进校企合作的最直接的外部动力。因为产学研和创业创新的合作为企业带来了相应的收益，加强了企业与高校的合作意向，这就促使企业愿意向其中投入更多的人力、物力，以及为此提供更多的合作经费。在高校的创业创新教育协同机制中，企业的支撑作用也是必不可少的。在这里，企业不仅是技术的应用者，同时也在追求最大的利益，并推动了创新成果的转化。

借助创业创新教育，企业可以获得自己所需要的人才、技术甚至利益，这样会使企业原先的成本降低，收益成效得到提高。通过与高校配合，企业可以进行创业创新项目的开展，主次分明。与此同时，借助高校，企业可以对人才培养体系计划进行资助，在信息反馈方面将获得更高的收益回报。在这个过程中，企业将主要需要承担起市场技术拓展、技术供给、科研成果转化等责任。

（4）创业创新教育激励动力机制的完善。从高校的角度出发，要想完善创业创新教育激励动力机制，需要注意以下方面。

第一，健全创新创业教育课程体系，使课程更加体系化与系统化。对于培养高校学生的创业意识和创业素质方面，创业创新课程发挥了极其重要的作用，所以，高校要对创业创新教育的课程体系进行调整丰富，让其更加系统化、成体系。只有提升改进教学的方式与环节，才能在培养学生的创业技能和创新意识时更加从容高效。实际上，创业创新教育是超越了专业教育界限的，针对这一问题，高校要及时调整转变过去的教学理念，对于基础性的教育要更加重视，要把学科专业的基础教育和创业创新方面的基础教育紧紧联系在一起，同时开展。

高校方面，还要注意制定教学进度和教学步骤，积极组织开展一些教学科研实践研究，借助创业导师，给创业创新的学生传授经验，增强他们进行创业的信心和决心。与此同时，在创业创新环境的营造方面，学校也需提高重视程度，好的环境能够更大程度地对学生的创业潜能进行激发，让他们产生创业的想法，并积极投入其中。

第二，培养高质量的创新创业师资队伍。要想让创业创新教育得到更好的推广，师资队伍的建设情况在其中起着重要作用，在其中，创业创新课程其实只是为学生们进行一种指导服务，是提供指导参考，起导向作用的。要想建设培养一支具有高质量的师资队伍，就要加强人才的引进和培训，在条件成熟的情况下，可以引进一些创业创新教育专业人才，或聘请校外的专家，到学校开设一些相关教学课程，并对校内相关教师的创新能力进行培训，最终建设出一支既有专职教师，也有兼职教师，两者相互结合共同授课的具有高质量的大学生创业创新教师队伍。

对进行创业创新学习的大学生而言，先要做的就是改变原有的就业观，要从思想上先为创业做好准备。创业也是就业的一种形式，且是一种高质量的形式，能够体现出自己的价值。不仅如此，创业的过程是充满未知和不确定性的，这个过程也注定是艰辛的，学生不仅要有很好的人际交往的能力，也要有管理决策的能力，同时，还应当对自身进行科学且充分的认识和评价，只有这样，才能激发出自身的创业潜力。

2. 创新创业教育调控机制

（1）调控机制的评估。科学研究、准确评估高校创新创业培训运行中的矛盾，是创新创业培训调控的重要内容，而建立科学公正的事后研究关系是建立监管机制的重要前提。建立调查的评价环节，重点明确调查评价关系的主体、调查评价关系的对象和内容和研究评价关系的方式方法这三种关系。

高校的部门多，教育实践活动多，所以要明确调查评估问题，明确责任。从根本上介入、指导和管理学校领导机构的决策。同时为合理配置资源，促进创新创业培训的有效开展奠定了良好的基础。为了提高矛盾解决的有效性，在管理机构和专家委员会两个决策机构中设立业务调查评估部门，不仅可以提高反馈的有效性，同时也要确保评价组织的尊严，这有助于实现两个决策机构的思想价值和观念取向；同时，为了确保反馈信息的客观性，在校外建立一个外部调查和评估组织，这是对评估工作的一个主要补充。这三方的工作在某种程度上是相同的，但重点不同：领导部门负责牵头组织，主要负责整体投资，从宏观层面配置资源用于创新创业培训；而对评估部门负责的专家委员会，更注重微观视角，如师生的提案和教育科研的设计与运作；校外主要以创新创业为目标，从而实现事业单位整体高效运作的目标。

第一，创新创业协同评价机制。创新创业的合作评价机制是有助于提高创新创业效率的培训机制。一是在实践和科学知识评价方法论框架内，建立创新创业评价机制，可以有效评价学校师生，务实地进行教育科研成果，逐步提高实践质量。二是企业与高校共同推进创新创业评价，把创新教育与平时工作奖励挂钩，考核推广，鼓励企业注重实施创新创业培训。

第二，创新创业教育质量考核评估机制。若要评估创新创业的教育质量，可以观察创新创业教育实施的水平和教育后得到的反馈，创新创业教育的评估能够推动教育价值的提升，同时还可以使学生的创业素质和技能得到提高。使各方主体的协同关系制度得到保证。

企业会在新型考评机制的构建下更积极地参与到大学生创新创业教育当中。考评分为外部和内部考评，内部考评主要是上级政府用于测量创新创业教育整体教育质量和水平的工具，舆论会对第三方机构进行监督，同时进行绩效评估。内部考评是以项目执行和资源调配等为基础的，以协同双方为主体进行的绩效评估，在评估前会建立创新创业教育体系在跨界协同关系下的管理制度，对双方的权责进行明确。协同育人的运行过程会在科学有效的评价体系下得到意义上的提高。

高校毕业生创业咨询机构数量、创业扶持制度政策和创新创业法律法规都是创新创业教育协同育人环境考核评价的内容。创新创业教育通过风险投资或教育基金的建立来获取资金，课堂与实践的教学评估包括在协同育人教学水平评估之下。多元教学方法和核心课程规划是课堂教学评估的主要方式，但实践教学不仅局限于校内，还用有校外实践，例如，实践活动、创新创业竞赛等。在考核评价时，应当设立更加全面有效的内容，评估的内容不应当局限于创新创业教育活动的结果，还要具体监测活动的过程，在评价考核中应当在绩效指标中设立定性与定量研究相结合的教学方式。

育人载体、参与主体、整体效果和投入状况是大学生创新创业教育体系中的四个层面。这四个层面也可以作为对教育运行状况进行调查研究的分析数据。为了对创新创业教育中教师与学生的态度进行了解，可以进行一定的访谈交流；另外还要不定期的监测课堂教学形式与内容，及时的发现教学的不足与不足；深刻地分析教育中人力、物力、财力资源的配置；在创新创业培训落实之前，应当切实了解学生的受教育意愿和个人能力与综合素质，同时还要努力加强师资力量。总而言之，在高校创新创业调控机制中，这四个层面具有十分重要的作用，为了使调查评估环节更加完善，必须将评估体系建成四位一体的多元化体系，这可以保证整个过程的具体信息得到有效的运行，并受到评估，同时还能够及时高效的获取反馈信息。

在进行调查评估时，可以通过合理的访谈纲要对参与主体的课堂主观感受进行了解，在访谈时，采访参与主体的感受和意愿，采访后及时总结采访到的信息。这些评估对象在资源投入和育人载体的层面都是客观存在的，因此，这种客观性也被带入到结果当中，调查的标准在调查前应当明确的确立，在评估体系中结合课程内容和经费投入状况，在此基础上建立更加完善的创新创业教育评估体系。在评估整体成效的环节，为了获取有效的信息数据，可以分段进行主体的认知测量，在对整体的成效进行调查时从宏观和微观两方面着手。

创业主体和教育的分离是高校创新创业教育中不断发生问题的重要原因。这些矛盾问题若要被解决，就必须在创新创业教育的进程中对学生的立场进行充分考虑，避免单一的教师向学生的互动，支持师生的双向互动，使教学创业主体更加的多元化，多主体协同发展。应当对各个主体的需求进行努力分析，建立创新创业教育的利益发展共同体，使多元主体协同发展得以实现。

为了使高校创新创业教育能够顺利运行，政府相关部门可以给予相应的制度和政策保障，使供给方面得到落实；高校方面应当不断升级学校的人才培养模式，充分考虑学生的个性来进行课程教学体系与方式的设定。教师在进行创新创业教学时，应当与学生进行双向互动，互相学习，共同发展，使学生的主观能动性被发挥出来，学生要积极参与创新创业相关活动，树立正确的创新创业价值观，使自身的综合素质得到提高。企业要积极参与创新创业活动，使自己创业教育共同体的职能充分发挥，提高各个主体参与创新创业活动的积极性。

（2）调控机制的协调。高校创新创业培训的跨部门正规化体系必须以强制力为保障。作为两个主要决策者，高校创新创业培训领导机构和专家委员会可以根据相关政策领域划分合作制度。由于决策主体缺乏专门性，不能形成一个连贯的体系，在制度标准上可能存在矛盾，因此有必要制定合作制度体系。因此，对于制度的实施，要建立监督机制，就是要对于各部门以及教育机构有充分的了解，同时对于合作制度的建立，也要有强有力的手段保证实施。

在跨部门这件事情上，从柔性的角度来看，共同的价值观和理论信念是文化交流的出发点和连接点，制定共同利益的目标。同时，好的沟通平台以及合作制度，能够加强互相之间的沟通交流。有效的定期对话也是创造良好合作氛围的基础。使各部门之间形成默契，加强各部门之间的合作感，形成长期有效的互信感。通过部门合作的交流与互助，为构建共同的文化生态、实现共同的价值目标做出贡献，提高其核心力量和凝聚力，从而帮助高校创新创业培训长期发展。

（四）大学生创新创业教育机制的保障

为了保证创业有关教学活动的顺利开展，需要建立完善的大学生创新创业教育协同机制保障体系。驱动机制是关键、运行机制是核心、保障机制是重点，三方面目标一致、联动配合，共同作用于大学生创新创业教育人才培养目标的达成，与大学生创新创业教育协同机制相适应。保障体系的建立和完善需要容纳以下方面。

1. 队伍保障

教师在创新创业教育体系中，一直被看作是该体系的核心关键，即该教育活动的主体，在一定程度上是因为教师担负着人才培养的重要任务。同时，教师队伍的整体素质水平在一定程度上是可以代表国家或者某一地区的教育水平，能够反映出其教育现状，因此，如果教师队伍的相关素质不能够达到较高的水平，那么最终所呈现出来的教育结果就不能够为人民所满意。因此，在创新创业教育活动开展的过程中，教师队伍的质量对该活动是否能够顺利开展起到至关重要的作用。

如果要实现创新创业教育活动的顺利开展，就必须组建一支既具备坚实的专业课知识基础，又具备一定创新创业思维的教师队伍，并且其还需要拥有大量的实践经验，从而更好地推进创新创业教学活动的开展。同时，借鉴国内外创新创业活动的经验，并立足于创新创业教育活动发展的现状，可以从以下方面来推进相关教师队伍素质水平的提升。

（1）设定合理的创新创业教育教师的聘用条件。一些高校对于创新创业的教育还不够重视，并没有开设专门的学科课程。而高校教学过程中最常见的创新创业教育的教师多半是由主管学生就业的部门教师以及经管系的教师充当的，也就是教授创新创业课程的教师并未受到合理的创新创业培训，因此，其在一定程度上并不能够胜任相关教育活动。因此，在构建创新创业教育教师资源体系的过程中，一定要选择教学水平高、具备创新思维以及相关实践经验的教师。同时，也可以设立高标准的教师准入规定，在注重理论创新教育的同时，也要将创新实践提到一个更高的层次，既考察教师的相关思维能力以及专业知识储备，还要考察教师基本师德素养等方面，从而组建起一支质量高、素养高的教师队伍。

（2）完善创新创业教育教师的团队结构。首先，学校应该提升对于相关教育活动的重视度，构建起相关教师的培训机制，鼓励教师参加相关培训活动，促使教师获得相关的实践经验，从而打造出一支优秀的创新创业教育的教师队伍；其次，高校应该优化配置学校的专业教师资源，保证创新创业教育的教师队伍是由不同专业的高质量水平教师组成的，其专业知识之间相辅相成，既保证教师队伍授课结构的科学化，也保证高水平教师的培养。

在选拔优秀教师的过程中，高校应该建立起严格的选拔制度，以此为依据，选拔出一支教学水平高、师资素养好的年轻的优秀教师，与此同时，也可以培养一批实践经验丰富的兼职队伍，成员可以是成功的创业者、风险投资员、企业职员等，两支队伍相辅相成、互相协作，以此既保证年轻教师队伍创新水平的提高，同时也能够保证学生获得相应的实践经验，为相关教育提供全面的帮助。

（3）构建系统的创新创业教育师资培训制度。组建一支优秀的教师队伍的唯一方法，就是挑选和培训优秀的教师。在一定程度上，创新创业教育活动的开展对教师教学水平提出了更高的要求，教师必须具备相关创新思维，同时还要具备一定的创新实践经验。

如果想要培养一批具备相关素质的人才，教师就必须拥有丰富的创新创业经历，而为了实现该目标，提出了两个方面的举措，分别是：一方面，鼓励教师积极参与创新创业实践活动，从而对于创新创业在社会实际发展过程中的真实情况有着更好地把握；另一方面，高校应该积极开展相关的教育实践活动，加强本校教师队伍国内外优秀教师队伍之间的交流和学习。

（4）完善创新创业教师考评与激励体制。做好教育队伍管理形式的激励机制建设，完善教师考评和激励体制。高校为鼓励更多专业教师参与到创新创业的教育教学活动中，众多形式不一的奖励机制被构建起来，以此来鼓励教师积极参与的同时，也推进相关活动团队的管理。建立起完善的教师教育教学成果及方式的动态考评机制，在一定意义上更能够推进创新创业教育教学活动的开展，并且在一定程度上转变教师参与教学的思维方式，以此实现该教育活动的理想化教育目标。建立起相关的考评机制，从多个方面评判教师整个的教学过程，从而有针对性地提出整改意见和要求，以此保证教育教学活动的圆满结束。

此外，高校应该逐步增设与创新创业有关的课程，以此来保证教师与学生都能够充分而全面地接触到该课程的相关内容。同时，在加大教师培训力度的过程中，也要保证学生对于创新创业理论知识的掌握。教师考评制度的建立和完善是教师教育教学工作至关重要的第一步。教师考评制度在一定程度上对教师的实效工作有着一定的影响，其既是学校管理的重要环节，也是教师团队教学质量得到稳步提升的有效推动力，同时，该制度可以从多方面评价教师的教学工作，既完善了教师教育教学工作的评价导向，也切实保障每一位教师的才能得到显露和发挥。同时，建立起相关的制度，在一定程度上能够激励教师的教学主动性以及思维创造性，从而使得相关教师具备大量的创新创业实践经验以及创新思维，以此保证创新创业教育活动的开展。创新创业教育一定程度上贯穿于大学教育的始终，既要保证学生的创新思维能力得到提升，也要保证学生具备一定的创新创业水平。完善教师考评和激励制度，提高教师创新创业教育工作的积极性。

2. 管理保障

对于高校而言，努力提升教育质量是教育改革发展的重要目标。高等院校需要对大学创新创业教育品质开展深入评价和分析，以便构建行政和学术系统下的教育质量保障系统。大学创新创业教育品质监督支撑机制的建立，其最重要的部分就是建立高等学校创新创业教育品质考核机制。教育质量保障包含三大重要部分：第一，创新创业教育师资；第二，物资等部分保障；第三，创新创业教育的教学成果保障。以此为基石，为了能够给提升教学品质给予全面理论参考并协调各类物资，不仅要构建利用增强创新创业教育评测作为核心的创新创业教育品质监督支撑机制，也要定时评测高等学校创新创业教育管理情况和传授效果，实时监督并对其开展的状况实行测评。

（1）创新创业教育教学的组织评估。学校对于创新创业教育的关注程度和各部分投入状况是高等院校创新创业教育机构情况的评判方向，促进教育整改和提升教育品质的首要任务就是考评院校创新创业教育指导机构的状况。制定有效的考评标准是评判创新创业教育指导机构状况的重中之重，常规来看，评测指标的选取可以按照投入、流程和结果来看。

针对投入部分的评测关键牵涉到创新创业教育不同部分的投入情况，其中涵盖法规支撑、教师师资配比、金钱付出、管控人员的数量、场地搭建等部分。在流程部分，考评重点在于创新创业教育详尽的课程设置、教学方法、教学服务保障、组织管理等；在成果部分，考评侧重考核学生理论分数、技能掌握情况、实际操作等部分。

（2）创新创业教育教学的效果评估。大学创新创业教育的教学成果体现在所有举办的教学活动是不是实现了教育的目的，又能实施到哪个阶段。简单而言，通过比较参与过创新创业教育的同学和没有参与过的同学，对于创新创业的认知、主动性和能力方面的强弱，就可以评判教学成果如何。因此，大学生创新创业教育教学成果与创新创业教育目的一定要一一对应。

创新创业意愿能够反映大学生对于创新创业的主动性强弱，其本身是代表学生本身是否有创新创业意识的自我行为。高等院校的创新创业教育是为了让学生形成良好的价值观、加强学生创新创业主动性并且让学生自信地参加实践创业活动中去，是让大学生具备创造性、拥有主动创业想法的教育，其本身与当前高等教学体系里的专科教育完全相异。针对大学生自身，养成主动性、创造性观念的前提是教导他们养成创新创业积极自主的意愿，让大学生确立自身主导地位，激发他们全面展现自身积极性和潜能，从而提高自我价值，得到明显的进步和长足的发展。

自我效能感是每个人对于自身的一项任务达成与否的评估和判断，普遍适用于各类范畴，只是在各种范畴内的意义有所差异。创新创业自我效能感适用在创新创业范畴中的意义在于，个人对自身能不能达成创新创业目的的评判，表现出个人对自身创新创业潜能认同程度。通过问卷调研，评估自身创新创业意愿，从中表现出自身对于创新创业潜能的认可度以及创新创业带来的自我效能感，能够看出大学生对于创新创业具备的技能和主动性，进而展现出创新创业教育教学的成果。从性别、年龄等基础变量对参与过创新创业教育相关课程学生评测结果进行差别分析，为了探寻大学生在创新创业教育课中学习情况，分别从各个年级、年龄、家庭环境和背景、专业、性别进行研究分析，通过数据分析，为提升创新创业教学质量，对于各类学生采取差异化定制创新创业教育形式。

3. 制度环境保障

教育环境会间接地、潜移默化地影响教育的效果，并且这个能量是巨大的，对于高校创新创业教育协同机制保障体系而言至关重要。创新创业教育环境是一种价值规范和意识形态，能够被学校中的师生所感知；也是一种制度环境，能够促进创新创业教育的发展。学校基础设施是教育环境中的一部分，如图书馆、食堂和教学楼等，此外，还包括建筑风格、绿化设计等学校环境构造和管理制度、发展规划等学校的规章制度、校训校史等精神文化。对创造适合创新创业教育发展的环境进行保护的体系的建立是高校创新创业教育制度环境保障体系的本质。

（1）创新创业教育环境的作用。创新创业教育的良好环境有许多优势，例如，良好的环境可以使创新创业教育的教学质量和管理效率得到提高，使学生能够积极主动地参与到创新创业教育的学习活动中，让全校的师生能够感受到这种教育的意识形态，使大学生创新创业教育能够顺利地进行。

第一，价值引导作用。新鲜的观念和事物更能吸引新生代大学生的注意力，大学生比其他年龄段的群体更能快速地接受新颖事物和观点。另外，处于青春期的大学生容易受周围的环境影响。这时，教育环境的引导和教育作用就体现了出来，将创新创业的意识形态和价值观念植入到学生身边的环境当中，更能促使学生建立起创新创业的意识，提升学生投入到环境中的积极性，这样创新创业教育的教学成效也会提升。为了使新型创新创业教育的制度环境能够被良好地营造，教师不仅要对自身的发展予以重视，还要坚决贯彻学校的相关政策和管理制度，只有这样才能积极地推动创新创业教育活动的发展。此外，在学校的学习氛围中，也可以植入相关的创新创业要素，教师要以创新创业教学为己任，引导学生建立创新创业精神。

第二，目标引导作用。学校活动、校风校训和学校宣传等方面都是教育环境的影响散发的途径，高校是这些活动的组织者，其在组织活动时，应当有明确的目标，融入本校的特色和理念，引导全校师生的发展。高效的发展和学生的教育目标应当是命运的共同体，因此目标的导向可以使学生在教育环境中的意识形态得到改变。如果在高校教育环境中融入目标的引导，且选择以创新创业教育思想观念为本质的目标，那么全校师生将会拥有和学校共同的目标，学生和教师在整体中的热情将会被进一步提高。

教育环境能够整合资源。教育环境一方面可以引导师生价值和目标；另一方面还可以对校园共识进行凝聚，使教师能够在创新创业教育教学的过程中感受到切实的成就和认可感，凝聚师生们的精神，使在教育环境中的每一个人都能够投身于创新创业教育，促使其顺利稳定开展。

（2）创新创业教育的生态学。物质和精神两个方面都存在于高等学校创新创业教育的环境中，教师和学生，教育的形式、方法、过程和内容等都会受到这两个方面的影响，不同的环节之间有十分复杂的关系。学校要更全面地看待高校创新创业教育的环境保障体系，以内外的双视角来看待高等学校创新创业教育环境，将其看作是一种生态系统，并对生态系统的各方面要素进行关注和分析。

在生态学中，个人和生态要素之间的关系是运动的，有联系的，并非静止孤立的，人无论在哪种生态环境中都会受到环境的部分影响。这种教育生态系统说法在教育的过程中融入了生态学的概念，教师和学生在这个环境中处于主体地位，全体师生都会受到生态环境中生态要素的影响，并且师生之间还会相互影响，优良的教育环境能够对人产生积极的影响，同时，教育环境中的其他要素也会受到个人活动与认知的影响。

创新创业教育主体和教育生态环境是高等学校创新创业教育生态系统中的两大组成部分。在创新创业生态系统中，创新创业教育主体扮演接受和实施者的角色，其中高校中与创新创业教育相关的教学机构、师资队伍和负责部门等都是实施者，创新创业教育的活动、课程和教学计划等是实施者在创新创业教育生态环境中进行的行为；参与创新创业教育培训的学生就是环境中的接受者，在种类繁多的教学服务当中，学生能够依照自己的需求来选择自己想要的教育服务。

物质环境是创新创业生态环境中的一种，如基础设施、建筑风格、校园环境等，此外，创业生态环境还包括校园文化、校风校训等精神环境。不同的创新创业主体，如实施者和接受者之间有着紧密的联系，教育管理和教学活动等是连接实施者和接受者的纽带。在这种关系中，实施者会将教育服务提供给接受者，接受者会将自身的心得反馈给实施者。紧密连接主体的敏感因子是创新创业教育环境影响主体的主要中介，实施者在这种影响下，会向接受者提供具有差异的教育服务、数量和质量，因此，接受者对实施者教学的评价也会有所变化，实践是创新创业教育主体对创新创业生态环境进行完善的优良途径。

（3）创新创业教育环境保障体系的构建。高校应当重点建设优良的创新创业教育环境，以此来促进教学成效的提升。创新创业教育体系的协调性是环境保障体系建设的必要条件。许多方面和要素都在影响着高等学校创新创业教育，整个系统较为复杂。实施者和接受者与环境之间有着复杂的关系与作用，促使整个教育环境的稳定协调发展是高校创新创业教育开展的必要途径。必须综合考虑物质和精神两方面的环境建设，如果过分重视物质而忽视精神，那么推动教育的动力将会有缺失；如果过分重视精神忽视物质，那么高校创新创业教育的载体将会缺乏，所以应当对两者进行协调建设，进行合理的资源配置。

在迎合协调性要求的基础上，提出创新创业教育环境保障体系的构建模式，这种构建需要通过环境监测进行，以教学研究为基础，重点实施资源配置，同时要迎合相关政策，在高等学校创新创业教育环境保障体系建立时综合考虑物质和精神两方面的需求。物质环境的建设是为了顺利推动创新创业教育，精神环境的建设是为了得到显著的教育成效，主要包括以下措施。

第一，在创新创业教育的过程中，要加入激励措施，通过对体系中的教师、管理人员等相关人员的激励，促使教育成效的提高。激励方法包括职位晋升、职称评定和绩效奖金等，以此来提高管理人员和教师等人的积极性，使教师能够更加主动地为创新创业教育做出奉献。对于学生可以通过奖学金、奖状和学分的记录等方式调动他们的积极性。

第二，加大监管检测创新创业教育的力度，对教育环境的情况进行及时了解。创新创业教育是长期持续的，高校必须建立健全的物质和精神的监管制度，建立监管环境教育的专业团队，对物质和精神环境进行问卷调查、实地访问等活动进行现状的了解，将了解到的现状向创新创业教育研究和管理部门进行实时上报，对环境了解后要找出相应的解决办法，使教育活动的实施能够长期有效地进行下去。物质和精神环境只是创新创业教育环境监测和监管工作的对象之一，实地调查和访问是物质环境测评的主要方式，访谈和问卷调查的分析是精神环境监测的主要方式。

第三，对创新创业教育资源进行合理配置，科学合理地进行资源分配。在进行建设前，要做好统筹规划，避免出现不科学、不合理的资源配置方式，在投入创新创业精神与物质环境建设之前要做出相应的评估，使资源能够用到关键地方，避免出现资源浪费，大力推进创新创业教育环境的稳步发展。需要建设专门的管理机制来分配具体的创新创业教育资源，使资源配置的事先、事中和事后三方面的评价都能够得到保障，在建设前需要对投入资源的各方面要素和配置进行具体评估，在事中需要对投入的物质和精神两方面的资源的实际情况进行分析与调整，事后要对整个过程的资源投入与产出进行相关的剖析与评价。

第四，加大创新创业教育科研工作的力度，由于创新创业教育兴起较晚，不像其他教育那样具备丰厚的基础和先例，因此，应当对教育环境的建设风险进行事先评估。对于创新创业教育，应当大力研究，使创新创业教育环境中对接受者和实施者产生影响的各种因素浮出水面，被广泛理解，同时，对于其中影响的作用进行剖析，这样在创新创业教育环境的建设过程中，便可以更加得心应手地掌握各种影响因素，针对各种情况制定合理的解决对策，通过建立专业的智囊库促进良好教育环境的建立。

课题招标和成效考评是加强创新创业教育科研工作的两种主要办法，课题招标是一种策划科研课题的方式，这种方式是以本校实际开展创新创业教育的情况和未来方向为出发点的，所有与创新创业有关的教师都是公开招标的对象，课题招标会将充分的创新创业科研资源提供给教师；成效考评是对学校内部人员对创新创业教育环境建设做出了个人贡献进行公平科学的考评的过程，成效考评，可以激励教师和管理人员积极创建创新创业教育体系。

第四节　大学生创业园的建设和创新

大学生创业园即高校创业项目孵化基地，是集大学生创业实践、创业孵化、创业人才培养体系的系统构建提供良好的支持，是以创业服务等功能为一体的产学研融合基地，为激发大学生创新思维而设计工作环境，是大学开展创新创业教育的实践基地。新时期在对高校人才培养工作进行改革创新的过程中，要对大学生创业园建设工作的开展进行准确的定位，从建设机制的构建和创新角度进行系统的分析，显著提高人才培养工作的综合效果。

一、大学生创业园建设工作的重要性

在新时代背景下，高校积极探索创新创业教育的过程中，将大学生创业园的构建作为重点，积极探索创业园建设机制的创新，能充分发挥大学生创业园的重要作用，为人才培养工作的开展提供强有力的支持。在当前高校育人工作中，按照创新创业教育工作的具体需求积极探索大学生创业园建设工作，具有极其重要的价值。

第一，有利于构建完善的高校创新创业孵化体系，促进创新创业项目实现精准化培育和孵化的目标。在高校积极开展创新创业教育的过程中，将大学生创业园的构建作为重点，积极探索建设机制的全面创新，能够从资金扶持、项目推介、咨询服务创新优化等角度促进创业园建设工作的开展，从而发挥创业园的服务功能，配合学校创新创业制订大学生创新创业训练计划和训练项目，形成完善的创新孵化平台和孵化体系，使创业园的服务能力得到显著提升，为高校创新创业教育的优化发展奠定坚实的基础。

第二，有利于提升创业教育和培训工作的整体质量，促进创业培训体系的构建。在积极探索大学生创业园建设的基础上，发挥创业园的重要作用，能对大学生创业培训发展模式进行设计和完善，可以按照人才培养工作的现实需求，制定更加完善的培训体系和考核评价制度体系，能够重点针对创业项目实施项目指导和课程培训，从而提高学生参与创新创业实践活动的积极性，在学校中营造良好的创新创业教育氛围，借助大学生创业园的力量提升创新创业教育对学生群体的影响力，有效促进学校教育教学工作的全面创新，切实增强创新创业教育的综合效果。

第三，有利于促进创新创业成果的转化，助力创新创业项目得到落实，创造巨大的经济社会效益。高校大学生创新创业科技成果的转化需要大学生创业园的支撑，因此在新时代背景下积极探索大学生创业园建设机制的构建和完善，促进建设工作的全面创新，能更好发挥大学生创业园的重要作用，为创业竞赛成果的转化和创业项目的落实提供良好的支持，真正实现产学研用的有机结合，提升创业园建设工作的综合效果，为新时代背景下学校教育的科学组织推进和系统创新提供良好的支持。

二、大学生创业园建设机制的创新措施

在高校人才培养工作中，积极探索大学生创业园建设机制的构建和完善，能提高建设效果，为创业园作用的充分发挥奠定基础。因此结合新时代高校创新创业教育背景和人才培养工作的现实背景，要积极探索大学生创业园建设机制的创新，发挥建设机制的重要作用，为人才培养工作的开展助力。

（一）强化大学生创业园建设内在驱动力

完善保障机制的建设能为大学生创业园建设机制的创新应用奠定基础，有助于促进大学生创新创业工作的创新开展，为高校人才培养工作中大学生创新创业能力的合理化培养提供良好的支持。因此在高校创新创业实践中，要将保障机制的建设作为基础性的工作，借助保障机制的构建为创业竞赛引导下创业园的建设提供内在驱动力支持。

首先，全面加强组织领导和顶层设计工作，对创业竞赛引导下的大学生创业园制度体系进行建设和完善。在大学生创业园建设工作中，要注意转变传统的建设思想，不仅关注创新创业项目的开发，还要注意从创业竞赛与大学生创业园联合建设的角度构建相应的制度体系，凸显高校大学生创业教育的时代特色，提升建设效果。在对制度体系进行建设的过程中，从创业竞赛与大学生创业园联合建设的角度进行分析，促进相关责任制度、政策制度的贯彻落实，确保能在对创业竞赛进行组织设计和系统开发的基础上，借助制度体系的建设打开创新创业教育的新局面，保障大学生创业园建设工作实现稳定发展和系统推进的目标。

其次，加大经费投入，构建资金运行保障机制，提升创业竞赛与大学生创业园联合建设的综合效果。高校在积极探索创新创业教育的过程中，要认真组织开展创业竞赛活动，并对创业竞赛成果进行筛选，按照创业竞赛成果转化需求设计大学生创业园创业实践项目，并以此为基础加大资金投入，为创业项目的开发提供充足的资金，允许企业资本参与创新创业项目，形成资金优势，保障创新创业活动的有效组织推进。这样就能在创业竞赛

与大学生创业园联合开发的基础上，提高大学生创业园的建设效果，强化资金支持和保障作用，有效推动大学生创新创业实践教育活动优化创新开展。

最后，引入统筹规划，加强规范化创业园管理。在高校创业园建设实践中，规范化管理工作的开展是提高管理效果、强化创业园建设内在驱动力的重要基础。特别是在新时代从创业竞赛角度对创业园进行建设和开发的过程中，要重点结合创新创业竞赛活动的实际情况，从创业竞赛与创业园建设项目联合的角度进行统筹规划，从创业竞赛成果在创业园中成功转化的角度制定规范化管理方案，确保能在创业园中提供政策咨询、教育培训、管理咨询、风险投资、财务管理等服务，实现对创业竞赛项目的成功引进、科学化管理和系统化创新，从而形成完善的创业园运行机制保障作用，促进创业园管理规划的全面创新，切实提升创业园建设影响力，保障高校大学生创新创业项目开发取得显著的成果。

（二）开发大学生创业园实践演练空间

大学生创业园建设机制的创新需要实践平台和实践机制提供有效的支持，高校只有在对创新创业教育进行系统开发的过程中，搭建创新创业实践演练平台，促进大学生创业园的有效组织规划，才能从创业竞赛与大学生创业园建设联合的角度提供相应的支持，切实提升大学生创新创业教育的综合发展水平。

首先，推进院系联动，搭建创新创业实训演练空间。高校在对大学生创业园进行建设的过程中，一方面，注意促进创业教育与学校人才培养工作的有机结合；另一方面，促进大学生创业园建设与创业竞赛的组织规划进行有机结合。因此在高校针对大学生创业园建设工作进行整体规划的过程中，要逐渐构建学院投入、创业竞赛多元联动的组织模式，形成符合高校大学生创业实践专业特性和创业特点的训练场，实现创业竞赛、创业项目开发与学生专业发展的有机统一，积极鼓励大学生群体发挥专业优势，学以致用，参与创业竞赛，并在大学生创业园中促进创业竞赛成果的成功转化，提高大学生创业园建设项目的组织规划效果，在实践演练的基础上切实提升创新创业教育的整体水平。

其次，深化校企合作，建设创新创业教育的企业支撑平台。在积极推进大学生创业园建设的过程中，可以从校企合作入手，构建政府领导、高校主导、企业支持的三位一体创业项目支撑体系和服务体系，整合政府力量、企业力量对创业竞赛活动进行系统的规划和创新，并将大学生创业园作为创业竞赛相关项目的孵化基地，发挥政府和社会资源的力量，在高校创新创业教育与创业项目开发实践中形成合作共建、合作共赢的全新发展模式，提升学校创业教育的综合实践层次，帮助高校大学生积累丰富的创新创业实践经验，从而循序渐进地提高实践教育效果，使大学生创业园建设工作的开展取得显著的成效，同时有效促进大学生创业竞赛的辅助引导作用得到全面系统的发挥，切实推动高校大学生人才培养工作实现创新发展的目标。如此就能借助创业竞赛的力量助力大学生创业园的建设和开发，有效推动创业教育的贯彻落实，提升高校育人工作的综合发展成效。

（三）依托创业竞赛推动创业园建设

在高校大学生创业园建设实践中，要注意依托创业竞赛的力量，将创业竞赛作为切入点，促进校企深度合作，为大学生创业园的构建注入强大的生命力，使大学生创业园建设能体现创新特色，能实现与创业项目、创业活动的有效对接，提高工作的综合效果。

在依托创业竞赛开展大学生创业园建设工作的过程中，要注意结合创业竞赛的具体项目对大学生创业园建设工作的开展进行系统的规划和创新，从而借助创业竞赛的力量形成创业机制建设活力，优化创业机制建设工作的综合效果。

具体来说，在创业竞赛活动中，可以将"商业创业计划书"作为创业竞赛项目，组织学生结合实际调研情况和创业情况，从执行摘要、项目背景、产品介绍、市场分析、竞争分析、市场营销、投资分析、财务分析与风险资本退出、风险与对策、管理体系等角度对计划书进行设计和完善，在创业竞赛中筛选具有一定可行性和应用性的创业计划进行系统探究。然后在明确创业计划的基础上，将创业竞赛与创业园紧密融合在一起，在创业园中借助技术、资金、政策等的支持，促进商业创业计划的逐步落实，形成创业项目，促进竞赛成果的成功转化，真正为高校大学生搭建创业实践平台。在创业竞赛成果转化工作中对大学生的创业精神加以培养，促进创业教育质量的提升，提高大学生的创业成功率。

如此在对高校大学生创业园建设机制进行强化的过程中，引入赛教融合活动体系，对大学生创业竞赛进行开发，从创业竞赛评选的角度促进竞赛成果在创业园中的成功转化，能够显著增强大学生创业园创业项目的价值和效果，促进创新创业教育的有效实施，切实提高学校育人工作的综合效果，为高校大学生创新创业实践能力的培养奠定基础。

综上所述，在新时代积极探索高校人才培养创新的过程中，结合大学生创业园建设机制进行分析，探索大学生创业园建设机制的系统构建和有效应用，能充分发挥大学生创业园的重要作用，为人才培养工作的优化开展助力。因此在新时代背景下，要对大学生创业园建设机制进行准确定位，制定合理化的建设方案，促进建设工作的全面创新，确保充分发挥大学生创业园的重要作用，为高校创新创业人才的高效化培养创造良好的育人条件。

参考文献

[1] 崔文. 大学生就业心理问题及对策研究 [J]. 就业与保障, 2022, (06)：103-105.

[2] 郭帆, 崔正华, 李猛, 等. 大学生职业生涯规划与就业指导 [M]. 南京：东南大学出版社, 2018.

[3] 郝琳琳. 新形势下大学生就业心理压力分析及对策研究 [J]. 公关世界, 2022, (18)：47-48.

[4] 胡钟华, 竺照轩. 大学生就业指导 [M]. 北京：机械工业出版社, 2020.

[5] 黄景旺. 应用型本科高校大学生高质量就业研究 [J]. 吉林农业科技学院学报, 2022, 31 (02)：42-44+49.

[6] 霍泳帆. 提升大学生职业道德素养的路径研究 [J]. 中外企业文化, 2022, (07)：217-219.

[7] 贾宁宁. 新时代大学生职业道德教育研究 [J]. 现代商贸工业, 2021, 42 (15)：63-64.

[8] 李斌. 社会转型期大学生择业观念与行为改变探析——以自主创业为例 [J]. 中共郑州市委党校学报, 2016, (01)：95-97.

[9] 李金亮, 杨芳, 周欣. 大学生职业生涯规划 [M]. 长沙：湖南教育出版社, 2019.

[10] 李瑞瑞. 大学生就业面试技巧研究 [J]. 才智, 2018 (31)：235.

[11] 李伟静. 以高质量就业为导向的大学生就业教育研究 [J]. 洛阳师范学院学报, 2022, 41 (05)：90-93.

[12] 李妍, 刘智聪. 以就业为导向的大学生职业道德培养 [J]. 创新创业理论研究与实践, 2019, 2 (03)：165-166.

[13] 刘玢. 浅析工科大学生择业观念及就业指导应对策略 [J]. 绿色科技, 2015 (06)：363-364.

[14] 刘莹. 新时代大学生道德教育研究 [D]. 大连：辽宁师范大学, 2022：3.

[15] 刘智文. 大学生就业心理特点与影响因素分析 [J]. 公关世界, 2022, (22)：57-58.

[16] 罗文筠. 大学生求职礼仪的缺失与矫正 [J]. 绵阳师范学院学报, 2014, 33 (01)：

133-138.

[17] 孟明燕. 大学生就业心理问题探析与对策 [J]. 盐城工学院学报（社会科学版），2022，35（05）：104-106.

[18] 亓慧坤，宿秀平. 就业视角下大学生职业道德培养研究 [J]. 就业与保障，2022，（02）：88-90.

[19] 齐钺. 铺就大学生高质量就业创业之路 [J]. 宁波通讯，2022，（09）：56.

[20] 施蓉. 大学生求职面试礼仪赢得好感的三个关键点 [J]. 才智，2019（09）：70.

[21] 田芳. 浅谈大学生求职应聘中的礼仪运用 [J]. 湖南大众传媒职业技术学院学报，2014，14（05）：77-80.

[22] 王洪才. 创新创业教育：中国特色的高等教育发展理念 [J]. 南京师大学报（社会科学版），2021（06）：38.

[23] 王阮芳，孙明. 大学生求职简历的制作方法与投递技巧 [J]. 中小企业管理与科技（下旬刊），2014（12）：175.

[24] 魏康婧，沈劼. 助力大学生高质量就业 [J]. 人力资源，2022，（14）：90-93.

[25] 温馨月. "双创" 背景下大学生创业能力培养研究 [J]. 投资与创业，2022，33（4）：37.

[26] 邢蒙月. 大学生高质量就业绩效评价研究 [J]. 合作经济与科技，2022，（14）：95-97.

[27] 徐国平. 大学生就业心理问题及其影响因素 [J]. 公关世界，2022，（16）：70-71.

[28] 徐立恒. "立德树人" 视阈下大学生职业道德教育规律研究 [J]. 河北工程大学学报（社会科学版），2021，38（02）：76-80.

[29] 徐立恒. 新形势下大学生职业道德教育实证分析 [J]. 佳木斯大学社会科学学报，2022，40（02）：100-103.

[30] 羊建信. 就业压力下大学生就业心理分析与自我调控 [J]. 科学咨询（科技·管理），2022，（09）：158-160.

[31] 杨千一，阿合吾·阿依登，戴智浩. 以高质量就业为导向的大学生就业观完善路径 [J]. 就业与保障，2022，（06）：112-114.

[32] 杨文杰. 高校大学生就业指导困境以及破解策略 [J]. 现代职业教育，2022（35）：153.

[33] 杨兆宇. 新发展阶段大学生高质量就业路径研究 [J]. 吉林工程技术师范学院学报，2022，38（05）：21-24.

［34］尹东昊. 构建大学生创业帮扶机制探索［J］. 合作经济与科技，2022（16）：107.

［35］于晨. 高质量就业背景下大学生就业满意度研究［J］. 现代商贸工业，2022，43（13）：60-61.

［36］张少飞，张劲松，魏鹏，等. 大学生就业指导［M］. 济南：山东人民出版社，2018.

［37］张晓蕊，马晓娣，岳志春. 大学生职业生涯规划［M］. 北京：北京理工大学出版社，2019.

［38］张志东. 企业不同对象视域下大学生职业道德教育比较分析［J］. 高等职业教育（天津职业大学学报），2020，29（04）：79-84.

［39］赵长林. 高校创新创业教育概念内涵、政策演进与时代变革［J］. 继续教育研究，2022（08）：67-73.

［40］郑春秋. 浅谈大学生求职面试心理与礼仪［J］. 科教文汇（中旬刊），2017，（11）：160-161.